中国石油天然气集团公司
安全经验分享
知识读本

中国石油天然气集团公司安全环保部 编

石油工业出版社

内 容 提 要

本书主要讲述了"安全经验分享"的背景及内涵，总结了中国石油天然气集团公司先进的安全管理经验，介绍了几个主要的事故致因理论，并重点对大量的工业生产事故以及交通事故进行了剖析，图文结合，理论联系实际，具有很强的安全教育意义。

本书可供石油石化行业管理者和员工阅读使用。

图书在版编目(CIP)数据

中国石油天然气集团公司安全经验分享知识读本/中国石油天然气集团公司安全环保部编. —北京：石油工业出版社，2010.6

ISBN 978-7-5021-7836-9

Ⅰ. 安…

Ⅱ. 中…

Ⅲ. ①石油工业-工业企业管理：安全管理-经验-中国
②天然气工业-工业企业管理：安全管理-经验-中国

Ⅳ. F426.22

中国版本图书馆 CIP 数据核字(2010)第 100466 号

出版发行：石油工业出版社
　　(北京安定门外安华里2区1号　100011)
　　网　　址：www.petropub.com.cn
　　编辑部：(010)64523738
　　发行部：(010)64523620
经　　销：全国新华书店
印　　刷：北京晨旭印刷厂

2010年6月第1版　2012年5月第6次印刷
850×1168毫米　开本：1/32　印张：10.25
字数：200千字

定价：28.00元
(如出现印装质量问题，我社发行部负责调换)
版权所有，翻印必究

《中国石油天然气集团公司安全经验分享知识读本》编委会

主　　任：贺荣芳
委　　员：吴苏江　吕文军　吴　奇　沈　刚
　　　　　金安耀　梁　鹏　秦文贵　杨时榜
　　　　　钟裕敏　黄永章　隋　军　卢克田
　　　　　范传闻　王　政　郭书昌

编写组

主　　编：吴苏江
副 主 编：郭喜林　曹晓林　齐俊良
编　者：(按姓氏笔画排序)
　　　　丁玉海　于云鹏　马凤荣　王永兴
　　　　王建新　王林先　付志臣　刘德平
　　　　吕　强　张玉庆　张志平　李建强
　　　　李新民　单宝坤　范宏亮　赵　伟
　　　　袁　磊　高文军　崔　伟　黄　云
　　　　韩晓东

序

中国石油天然气集团公司在深入学习实践科学发展观、积极推进综合性国际能源公司建设的同时,始终坚持把安全环保作为企业的核心价值,作为天字号工程,作为第一要求。近几年来,通过扎实推进 HSE 体系建设,强化有感领导、直线责任、属地管理,坚持逐级签订安全环保责任书,发布实施反违章禁令和 HSE 管理九项原则,大力开展安全经验分享活动,实现了安全环保形势明显好转。为巩固所取得的经验和成绩,进一步分析安全管理存在的问题,吸取教训,达到转变观念、养成习惯、提高能力的目的,为此安全环保部组织编撰了《中国石油天然气集团公司安全经验分享知识读本》。

本书通过应用安全管理理论、制度、方法和案例,图文并茂地介绍了安全管理的成功经验,这些经验是我们继续搞好安全工作的法宝。同时列举了一些典型的安全事故,这些事故反映和暴露了目前企业管理上存在的缺陷和问题,需要我们认真研究分析,这些事故案例是我们搞好安全生产工作的宝贵资源。

本书有五个显著特点:一是典型性,书中收集的安全管理理论及经验是集团公司近年来大力推广应用的先进管理工具,所收集的案例绝大多数是石油石化企业生产经营过程中发生的典型事故;二是代表性,所总结的成功经验和选用的事故案例覆盖了生产作业、工程技术服务、工程建设、交通运输等相关领域,具有广泛的代表性;三是真实性,经验介绍、事故案例都取材于企业近年来安全管理的实践和暴露出来的问题,读起来真实可信;四是实用性,经验和案例题材广泛、形式多样,从人、机、物、法、环系统安全管理的角度,系统介绍、分析、点评了典型经验和事故案例,为我们做好安全生产工作、防范各类事故发生提供了实用的工具;五是可读性,本书言简意赅、通俗易懂、由浅入深、理论联系实际,能够给人以思考和启迪,适合企业各层面人员学习参考。

本书的出版,不仅为广大员工在安全经验分享实践活动中提供了素材,为全体安全监管人员运用安全理论、解决实际问题提供了工具,而且为各级领导干部践行有感领导、落实安全责任提供了资源。希望大家利用好这个教材,善于学习,善于总结,善于反思,不断从经验分享活动中学习和提高;希望更多的人参与到安全经验分享活动中,学习和运用这种方法,在安全工作中取得新的成就,为中国石油天然气集团公司建设综合性国际能源公司作出自己的贡献。

2010 年 5 月

前 言

为了配合中国石油天然气集团公司（以下简称集团公司）深入开展安全经验分享活动，认真总结经验，推广应用先进做法，深刻汲取事故教训，杜绝违章，摒弃陋习，进一步提高广大职工对科学发展、安全发展极端重要性的认识，加深对"奉献能源、创造和谐"和"环保优先、安全第一、质量至上、以人为本"的理解，确保集团公司安全环保形势的持续根本好转，我们在总结集团公司近几年安全工作成功经验和做法的同时，通过事故的控制理论、安全规章、警言警句和图片等方式，揭示和反思曾经发生的一些典型事故，分析其原因、教训及防范措施，编制了《中国石油天然气集团公司安全经验分享知识读本》，以便集团公司广大职工学习借鉴。

集团公司经过长期探索实践，逐步形成了"岗位责任制"、"直线责任"、"属地管理"、"两书一表"、"反违章禁令"、"HSE 管理九项原则"和驾驶员严禁"十大不安全行为"等具有中国石油特色的 HSE 管理方法。对于这些行之有效的方法，我们要坚持运用，不断完善，持续改进。要针对新情况、新问题，不断学习先进经验，结合实际，及时改进旧习惯，勇于摒弃落后方法。要通过积极开展安全经验分享活动，让每一个单位、每一个人的经验和教训变成大家的经验，成为企业的财富,创造人人参与、有效沟通的良好安全文化氛围。

"三人行,必有我师焉,择其善者而从之,其不善者而改之"。希望本书能有助于广大职工从正面获取防范事故的经验精髓。任何工作经验都是在实践中日益积累,不断总结出来的,安全工作经验同样也不例外。通过真实的典型事故案例的介绍,从多方面、多视角学习掌握他人如何有效地防范和避免事故的典型经验。这些安全经验是一笔宝贵的财富,可以从中吸取营养来改进和完善安全工作,在日后的工作中有助于增强责任意识和防范意识,自觉遵章守纪,提高自我约束能力和主动规避各种事故的能力,有效地避免事故的发生。

"前车之鉴,后事之师"。也希望本书能为广大职工从反方面总结安全事故的惨痛教训,举一反三,引以为鉴,增长自己的安全意识和安全技能。俗话说:"吃一堑,长一智",然而,这句话对于安全生产工作来说就不太适用了,如果等到"吃堑"后再"长智",往往流血甚至生命代价已经付出,失去"长智"的机会。应该说,安全生产中许多问题,有着普遍的共性。有些安全生产上的"堑",尽管发生在别的单位,但未必就不会发生在自己单位。抓安全生产,就要富有成效,何不妨借他人之"堑",长自己之"智"。

"以铜为鉴,可以正衣冠;以人为鉴,可以明得失;以史为鉴,可以知兴替"。以事故为鉴,可以把握事故发生的规律,本书列举以往事故,以血的教训教育人、警醒人,增强全员的安全意识,唤起职工对安全生产的高度关心、对生命的深切关爱和尊重。使每位职工都时刻保持头脑清醒,自始至终把安全生产放在第一位,善于从其他人、其他单位对安全事故、未遂事件及"三违"行为进行分析和总结,同时通过分析和共享事故资源,能够由此及彼,防微杜渐,使广大职工掌握应该采取什么样的方法和措施,把一切安全隐患消灭在萌芽状态之中,才能有效地保证生产安全,保护我们的生命安全,以此达到预防和杜绝类似事故再次发生的目的,从而筑起坚实可靠的安全生产防线。

此书在编写过程中,得到了集团公司有关领导的高度重视,各有关部门、单位给予了大力支持。集团公司安全环保部组织有关人员对本书进行了精心策划,在编写提纲和细目中经过多次讨论和修改,指派专人收集整理相关资料,认真开展相关内容编写。本书的编写还得到大庆油田有限责任公司、渤海钻探工程有限公司、天津大港石化公司、东方物探公司、川庆钻探工程有限公司、吉林油田有限责任公司等企业相关人员的认真细致的审核,对参与编写和审核的全体人员表示感谢。

由于安全管理理论、经验成果浩如烟海,安全经验分享实践如火如荼,我们虽然尽其可能地总结了企业在安全方面的成功制度经验,剖析了近年来部分典型事故案例,但仍有疏漏之处,恳请批评指正。

编者
2010 年 4 月

目录

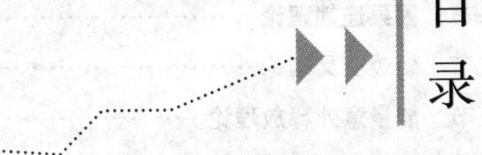

- 第一章 安全经验分享概述 …………… 1
  - 第一节 安全经验分享的定义 …………… 2
  - 第二节 安全经验分享的目的与意义 …………… 3
  - 第三节 安全经验分享的产生与发展 …………… 4
  - 第四节 如何开展安全经验分享 …………… 6
- 第二章 集团公司安全管理经验 …………… 9
  - 第一节 HSE 管理九项原则 …………… 10
  - 第二节 反违章禁令 …………… 20
  - 第三节 有感领导 …………… 31
  - 第四节 岗位责任制 …………… 41
  - 第五节 直线责任 …………… 50
  - 第六节 属地管理 …………… 57
  - 第七节 目视化管理 …………… 63
  - 第八节 工作前安全分析 …………… 68
  - 第九节 安全观察与沟通 …………… 72
  - 第十节 作业许可 …………… 77

第三章　事故致因理论 … 83
第一节　因果连锁理论 … 84
第二节　轨迹交叉理论 … 89
第三节　能量意外释放理论 … 93
第四节　现代因果连锁理论 … 100
第五节　系统安全理论 … 104

第四章　典型工业生产安全事故分析 … 109
第一节　机械伤害事故 … 110
第二节　高处坠落事故 … 116
第三节　起重伤害事故 … 127
第四节　触电事故 … 141
第五节　物体打击 … 151
第六节　坍塌事故 … 165
第七节　中毒和窒息事故 … 172
第八节　火灾事故 … 189
第九节　爆炸事故 … 195
第十节　车辆伤害事故 … 207
第十一节　井喷事故 … 214

第五章　典型交通肇事案例分析 … 225
第一节　无证驾驶 … 226
第二节　超速驾驶 … 232
第三节　酒后驾驶 … 242
第四节　疲劳驾驶 … 251

第五节　争道抢行 ··· 258
第六节　超员超载 ··· 271
第七节　车辆带病运行 ······································· 279
第八节　违反(交通)信号 ··································· 287
第九节　不系安全带 ·· 300
第十节　驾车使用手机 ······································· 307
参考文献 ··· 313

第一章

安全经验分享概述

加强石油天然气勘探开发和炼油化工、生产销售及其他服务过程的安全管理,离不开科学有效的安全管理工具,安全经验分享是当前国际上比较流行的安全管理工具。本章将简要介绍安全经验分享的基本概念、产生与发展经过、意义和作用,以及如何开展安全经验分享。

第一节 安全经验分享的定义

一、分享

分享顾名思义就是指和别人共同享有欢乐、幸福、好处、经验等情感、信息资源。分享是双向的,并且信息资源至少要具备提供人、分享人、可分享性三个因素。

信息不是有形的实物,不会在传递的过程中此消彼长,可以做分享交易,即提供方把信息传递了对方,在对方获得了此信息的同时,提供方并没有失去它。同一信息能为它的传递者和被传递者所共有。

二、安全经验

安全经验就是通过安全实践得来的安全工作方法、安全管理经验、生产安全事故事件教训以及安全认识或技能。积累安全经验的过程就是提高安全认识、提高安全技能的过程。安全经验越丰富,安全认识就越深刻,安全技能就越高超。

三、安全经验分享

安全经验分享是将总结和收集整理的各种安全工作方法、安全典型经验和生产安全事故事件教训,利用各种时机在一定范围内进行讲解,使安全工作方法得到应用,安全典型经验得到推广,事故事件教训得到分享的一种实用有效的安全管理工具。

第二节 安全经验分享的目的与意义

一、目的

安全经验分享是让分享人了解和掌握有效的安全工作方法，认识事故事件的原因、危害和教训，使安全工作方法得到应用、安全典型经验得到推广、事故事件教训得到分享的一种实用有效的安全管理工具。其目的是让分享人认识到事故件的原因、危害和教训，了解和掌握有效的安全工作方法，搞好本单位、本部门、本岗位的安全工作，提高全员安全意识和技能，防范事故的发生。

二、意义

通过长期坚持开展安全经验分享，能启发员工互相学习，激发全员积极参与安全管理，创造一种以安全为核心的"学习的文化"；同时，能强化员工安全操作，使其自觉纠正不安全习惯和行为，树立良好的安全行为准则，促进全员安全意识的不断提高，形成良好的安全文化氛围。其意义表现在五个方面。

1. 安全经验分享能激发全员参与安全管理的积极性，逐步实现团队互助管理。安全经验分享过程，是一个让分享人感受、享受安全教育的过程，让分享人感到是在讲故事，提供人与分享人之间形成了温馨、和谐、互相交流和信任的关系，感觉轻松愉快，产生爱听的乐趣，在不知不觉中受到安全教育，有效激发员工参与安全管理的积极性。

2. 安全经验分享能分享事故发生的教训，警示安全管理漏洞,提高员工安全防范意识。分享事故教训是一个让分享人从分享事故教训过渡到防范事故的过程。在分享过程中,分享人清楚了事故发生的原因、教训和防范事故发生的措施,在分享人掌握了这些防范措施后,能发现本单位安全管理上存在的漏洞,会按照分享到的经验去防范事故,形成良好的全员安全防范意识。

3. 安全经验分享能交流安全工作经验,示范正确安全工作做法,提高员工安全工作技能。交流安全工作经验是一个提供人与分享人共同提高安全管理能力的过程,重要的不仅在交流中学习安全工作经验,而是共享先进的安全工作做法,学会和掌握先进的安全工作方法并应用到工作中,提高企业安全管理水平,增强员工防范事故的能力。

4. 安全经验分享能宣传安全管理理念,改变员工行为,培育良好的安全文化。分享的一个重点内容是安全管理理念,通过提供人用灵活、易于接受的方式灌输各种安全管理理念,潜移默化地影响分享人的安全思想向正确的方向发展,从而影响员工按规范的安全行为工作,形成企业优秀的安全文化。

5. 安全经验分享能丰富安全管理方法,推动安全教育方式改变,为安全管理提供科学管理手段。安全经验分享是一种互动性的活动,强调管理层、操作层都参与一起互动。从企业来讲分享安全经验表现为一种安全教育活动,在员工表现为一种听故事、看图片、观录像等活动。这种方法丰富了各级领导、管理人员的安全管理手段。

第三节 安全经验分享的产生与发展

随着石油工业的快速发展,石油行业的危害因素越来越

第一章
安全经验分享概述

大,如何加强石油生产过程的安全管理,实现安全生产成为石油行业健康发展的关键。因此,各国石油企业都在积极探索先进科学的安全管理方法,来保证安全生产目标的实现。西方发达国家通过多年研究,在总结事故案例分析、优秀安全方法推介、安全经验宣讲等工作基础上,产生了安全经验分享——把吸取事故教训与分享安全管理经验相结合的预防性安全管理工具。通过在企业中广泛应用,在提高领导与员工安全意识、增强安全工作主动性、防范事故发生等方面取得良好的预防效果。是一种简便易行、适应性强、易于接受、效果良好的安全管理工具,已经得到普遍的认可。

中国石油天然气集团公司(以下称集团公司)为建设综合性国际能源公司,从1997年开始大力推行HSE管理体系,建立和推进了当今国际石油行业普遍推行的先进的安全管理模式,大大提高了集团公司的安全管理水平,取得了良好的安全业绩,进一步缩小了与国际先进安全管理水平的差距。按照体系管理的要求,集团公司通过利用各种会议进行事故通报、出版事故案例汇编供广大员工学习、召开事故分析会让相关单位吸取教训等形式,开展了事故案例教育。积极组织安全经验交流,通过经验交流会、安全工作会、印发安全经验宣传手册、组织单位间的安全经验交流等方式,大力宣传好的安全工作经验。

为进一步提高集团公司HSE管理体系的运行效果,推进集团公司安全管理上水平。2007年,集团公司与美国杜邦公司签订了安全咨询合同,在集团公司推行杜邦公司的安全管理理念和先进管理方法。安全经验分享是当前集团公司正在推行的一个重要的安全管理工具,它在集团公司部分单位的运用中进行了改进,更加适应集团公司所属企业的特点。通过推行和试点,受到企业和广大员工的欢迎,取得了开展安全经验分享的经验,为在集团公司全面开展奠定了坚实的基础。

第四节　如何开展安全经验分享

一、开展安全经验分享的基本要求

安全经验分享要各级领导带头开展,纳入单位的安全工作规划和个人安全行动计划中,保证得到全面推行,以实际行动来践行有感领导。

安全经验分享内容应提前准备好,教训要讲清,做法要讲明,切忌临场发挥或走过场,保证效果良好。用于安全经验分享的图片或影像资料,应配以必要的文字说明,确保理解正确。

安全经验分享材料应具有典型性和针对性,适应分享人的工作特性,并互相交流和借鉴。公开发布的安全经验分享材料,发布单位要进行审查,保证分享材料的质量。

安全经验分享要因地制宜,活学活用,在学习中出新,在学习中不断提升企业的安全管理水平。安全经验分享贵在坚持,任何时候都不能松懈,只有这样,才能持续影响和改变员工的思想和行为,逐步培养良好的安全生产习惯。

二、开展安全经验分享时机、时间和表现形式

1. 每次会议、培训之前进行。无论什么会议和培训都要进行。

2. 提前将安全经验分享列入会议议程或培训计划中。

3. 每次开展安全经验分享时间以 5~10 分钟为宜。

4. 安全经验分享的形式为结合文字、图像或影像资料讲述、口头直接讲述等。

三、开展安全经验分享的类型和提供人

(一)安全经验分享的类型

安全经验分享的类型,分为事故教训分享和安全做法分享两种类型,前者警示不要违规,后者鼓励遵守规章,二者同等重要,不能只讲教训,不讲经验。

1. 事故事件教训:包括自己的事故事件或遇险经历、别人的事故事件、违章违规现象等。

2. 安全工作经验:包括自己的安全做法、别人的安全做法、其他典型的安全做法等。

(二)安全经验分享的提供人

由主持人提前确定开展安全经验分享的提供人,与会或参训人员也可主动申请。提供人可以是:

1. 主持人。

2. 主持人指定的人员。

3. 其他人员。

第二章

集团公司安全管理经验

安全经验分享是安全管理的重要组成部分。集团公司几十年来，推出了诸多科学有效的安全管理理念、方法和做法。对这些管理理念、方法和做法，集团公司及所属企业都进行了认真的总结整理，在集团公司范围内进行全面推广，形成了一整套适合中国石油发展的工作理念和工作模式，对集团公司的安全管理水平的提高起到了重要作用。本章主要介绍集团公司安全管理方面的部分管理原则、方法、工具和案例。

第一节 HSE 管理九项原则

一、HSE 管理九项原则制定的目的、依据

为统一 HSE 的认识,规范 HSE 行为,培育 HSE 文化,确保集团公司 HSE 方针和战略目标得到更好地贯彻与落实。依据 HSE 方针和战略目标,借鉴国际大公司通行做法,结合公司实际,制定了 HSE 管理九项原则。

二、HSE 管理九项原则的内容

(一)任何决策必须优先考虑健康安全环境

良好的 HSE 表现是企业取得卓越业绩、树立良好社会形象的坚强基石和持续动力。HSE 工作首先要做到预防为主、源头控制,即在战略规划、项目投资和生产经营等相关事务的决策时,同时考虑、评估潜在的 HSE 风险,配套落实风险控制措施,优先保障 HSE 条件,才能做到安全发展、清洁发展。

(二)安全是聘用的必要条件

员工应承诺遵守安全规章制度,接受安全培训并考核合格,具备良好的安全表现是企业聘用员工的必要条件。企业应充分考察员工的安全意识、技能和历史表现,不得聘用不合格人员。各级管理人员和操作人员都应强化安全责任意识,提高自身安全素质,认真履行岗位安全职责,不断改进个人安全表现。

(三)企业必须对员工进行健康安全环境培训

接受岗位 HSE 培训是员工的基本权利,也是企业 HSE 工作的重要责任。企业应持续对员工进行 HSE 培训和再培训,确保员工掌握相关 HSE 知识和技能,培养员工良好的 HSE 意识和行为。所有员工都应主动接受 HSE 培训,经考核合格,取得相应工作资质后方可上岗。

(四)各级管理者对业务范围内的健康安全环境工作负责

HSE 职责是岗位职责的重要组成部分。各级管理者是管辖区域或业务范围内 HSE 工作的直接责任者,应积极履行职能范围内的 HSE 职责,制定 HSE 目标,提供相应资源,健全 HSE 制度并强化执行,持续提升 HSE 绩效水平。

(五)各级管理者必须亲自参加健康安全环境审核

开展现场检查、体系内审、管理评审是持续改进 HSE 表现的有效方法,也是展现有感领导的有效途径。各级管理者应以身作则,积极参加现场检查、体系内审和管理评审工作,了解 HSE 管理情况,及时发现并改进 HSE 管理薄弱环节,推动 HSE 管理持续改进。

(六)员工必须参与岗位危害识别及风险控制

危害识别与风险评估是一切 HSE 工作的基础,也是员工必须履行的一项岗位职责。任何作业活动之前,都必须进行危害识别和风险评估。员工应主动参与岗位危害识别和风险评估,熟知岗位风险,掌握控制方法,防止事故发生。

(七)事故隐患必须及时整改

隐患不除,安全无宁日。所有事故隐患,包括人的不安全行为,一经发现,都应立即整改,一时不能整改的,应及时采取相应监控措施。应对整改措施或监控措施的实施过程和实施效果进行跟踪、验证,确保整改或监控达到预期效果。

(八)所有事故事件必须及时报告、分析和处理

事故事件也是一种资源,每一起事故和事件都给管理改进提供了重要机会,对安全状况分析及问题查找具有相当重要的意义。要完善机制、鼓励员工和基层单位报告事故,挖掘事故资源。所有事故事件,无论大小,都应按"四不放过"(事故原因不查清不放过;事故责任者得不到处理不放过;整改措施不落实不放过;教训不吸取不放过)原则,及时报告,并在短时间内查明原因,采取整改措施,根除事故隐患。应充分共享事故事件资源,广泛深刻汲取教训,避免事故事件重复发生。

(九)承包商管理执行统一的健康安全环境标准

企业应将承包商HSE管理纳入内部HSE管理体系,实行统一管理,并将承包商事故纳入企业事故统计中。承包商应按照企业HSE管理体系的统一要求,在HSE制度标准执行、员工HSE培训和个人防护装备配备等方面加强内部管理,持续改进HSE表现,满足企业要求。

三、HSE管理九项原则与HSE方针和战略目标的关系

HSE管理原则是对集团公司HSE方针和战略目标的进一步阐述和说明,是针对集团公司HSE管理关键环节提出的基本要求和行为准则。

HSE管理九项原则与HSE方针和战略目标共同构成了集团公司HSE管理的基本指导思想。

四、HSE管理九项原则与反违章禁令的关系

HSE管理原则是结合集团公司实际,针对HSE管理关键环节,主要对各级管理者提出的HSE管理基本行为准则。HSE管理原则重在规范管理过程,反违章禁令是集团公司从建设综合性国际能源公司的高度,着眼于安全生产形势的进一步好转和根本好转,对违反安全规章进行处罚作出明确规定,重在约束操作行为。两者各有侧重,相辅相成。

五、先进事例

遵循HSE管理九项原则

将相关方纳入HSE管理体系,共同实现良好安全业绩

大连西太平洋石油化工有限公司的装置检维修、保运、后勤服务全部实行社会化服务,现有5家保运单位、2家专业外包公司、30多家常驻工程承包商,高峰时在厂人员4000余人。面对大量的相关方人群,公司坚持将相关方纳入公司HSE管理体系进行管理,甲乙双方紧密关联,通过落实"四同时"(对施工作业现场作业安全共同管理;对现场风险共同识别;对安全防范措施共同确认;对专业技术培训共同组织)要求,实施一体化管理,强化安全监督,共同实现良好的安全业绩。

(一)推进相关方"四同时"管理,建立同步运行的安全管理机制。

按照属地管理原则,将保运单位、专业外包公司和主要工程承包商纳入公司安全管理体系,落实对相关方"四同时"的要求,全面推行HSE体系管理,规范"1个月报,2本记录,6大制度,8本台账"的安全软件管理;相关方领导参加公司每周一次的生产经营调度会和每月一次的公司HSE工作例会,促使各相关方的HSE管理模式、人员素质要求、管理水平与公司管理保持同步。

(二)不断细化相关方管理制度,从源头上控制高风险人群和作业。

适时完善和细化相关方安全管理制度,修订了《相关方安全管理标准》,制定了《相关方安全目标管理标准》等,完善了《相关方安全环保合同》,在签订工程承包商安全生产合同的基础上,不断完善和充实其内容,并在"违约责任及处理的具体考核处理"中增加发生事故及违章的考核内容。比如在合同中明确约定,由于相关方责任造成一般B级事故,给业主造成损失的,由业主安委会作出罚款、暂停服务1~2年、进行安全整顿等处理,同时业主还将举办安全培训班对责任人进行安全教育,事故责任单位要作出书面检查,通过简报、会议给予通报批评,严重者直接将其清理出厂。

(三)实施"54321"管理模式,加强对相关方全过程安全监管。

1. 推行"五程序"管理。即:安全资质审查不合格的不签订安全环保合同;安全环保合同未签订的不安排入厂安全教育;安全教育考试不及格的不办理入厂手续;施工安全方案不合格的不办理相关作业票证;安全措施不落实的不允许施工。

2. 落实相关方"四同时"要求。一是对专业技术培训共同组织。针对多数相关方单位安全管理人员素质不一,自身安全管理能力不足,缺乏相关安全管理人才的客观实际,举办相关方安全管理人员培训班,对在业主单位从事项目建设、改扩建、检维修工程施工作业及进入厂区保运和从事其他劳务的承包商单位的安全管理人员和部分技术骨干全面、系统地进行安全知识技能培训,培训课程完成后,还要当场组织闭卷考试,进行培训效果验证。二是对现场风险共同识别。特别是对于及时发现生产事故隐患或有效消除事故隐患,对避免事故发生或在抢险救灾过程中有特殊贡献的相关方人员视同本公司人员一样,按照有关管理规定,对有功人员给予物质奖励和通报表扬。三是对安全防范措施共同确认,共同组织现场安全检查,检查施工作业现场及设备状况,立足实际,提前预测防范可能出现的问题。针对违章行为,制定出具体的整改措施和考核管理方法,严格整改措施的落实和奖罚兑现,确保生产施工始终处于良好的工作状态。四是对施工作业现场作业安全共同管理。共同认真贯彻执行国家安全生产方针、法律法规,建立健全各种安全生产规章制度,如安全生产责任制、安全生产管理的有关制度、安全卫生技术规范、标准、技术措施,各工种安全操作规程等,配置安全管理机构和人员,享受规定的防护及保健用品,与相关方共同营造积极的安全文化。

3. 切实严把"三关"。一是严把入厂审核和教育关,业务主管部门首先对相关方进行资格审查,审查的主要内容包括安全资格证、安全保证体系、规章制度、特种作业证、特种设备使用证等,在入厂教育方面,建立严格、有效的入厂教育培训和考核制度,入厂人员必须参加培训和考试,考试合格后方准予办证进厂,并将原有60分考试合格逐步提高到85分为考试合格,同时签订《相关方安全环保合同》,明确甲乙双方所应承担的责任和义务;二是严把方案审批和会签关,无论相关方从事何种项目的作业,在作业前都必须编制详细的"两书一表",并经主管部门审批和会签,然后方可施工,安全运行部未见到经过批准的"两书一表",一律不办理各种作业许可,以便于从源头上遏制现场作业的盲目性和随机性;三是严把考核关,将相关方安全业绩纳入业主的安全目标管理和考核体系,对相关方进行月度考核和年度考评,对那些不重视安全工作、安全管理薄弱的单位随时给予警告或取消其进入甲方市场资格。

4. 全面推行"两书一表"。对工程承包商从入厂前安全资质审查开始,逐个审查《工程项目HSE作业计划书》、《工程项目 HSE 指导书》和《工程项目 HSE 检查表》。把"两书一表"作为入厂安全资质审查的重要内容,并在单项工程方案中落实危害识别、风险控制、应急预案、规章制度、安全检查和整改 5 个方面的内容。

六、事故案例

违背安全管理原则,盲目作业导致二人中毒死亡

(一) 事故经过

某厂 2003 年为盘活闲置资产和解决单位生存问题,经上级同意,对丙酮氰醇装置进行技术改造。厂丙酮氰醇装置工艺技术员兼设备员 A,安排该厂综合维修队外雇工 B 带领 C、D、E 三人到丙酮氰醇装置二楼清洗废置多年的半成品贮罐。

上午,丙酮氰醇装置进行投料生产,此时与半成品贮罐相连的气相放空管线充满了氰化物。下午 13 时 20 分左右,综合维修队外人员继续进行清洗工作。14 时 20 分,坐在罐顶部人孔上用绳绑桶从罐底向上打清洗水的 B 和 C 发现从罐内打出的废水有异味后,B 未采取任何防范措施便进入罐内检查发生中毒,A 得知后,马上戴上长管呼吸器下到罐内救 B。当 A 用绑桶的绳子系住顾某的腰部后,A 自己也因中毒倒下。这时,在罐顶的 C 马上喊 D 到氰化钠车间找人进行救援,与该装置处在同一区域的氰化钠车间书记 F 和主任 G 得知后,立即向厂急救站报告,同时组织氰化钠车间人员,戴好防毒面具到丙酮氰醇装置二楼半成品贮罐进行救援,把 B 从贮罐内用绳子拉上来,急救站的工作人员立即用救护车将 B 送往该市第三医院,经抢救无效死亡。由于贮罐人孔小,

救援人员戴氧气呼吸器无法进入,采取设立警戒区、用压缩风吹扫半成品贮罐通风等防护措施后,于18时10分将A从罐内救上来,救出后A已经死亡。

(二)事故原因

这是一起严重违背HSE管理九项原则导致的事故:

1. 违背任何决策必须优先考虑健康安全环境的原则。在对丙酮氰醇装置进行技术改造时,没有对丙酮氰醇装置进行健康安全环境危害评估,没有考虑重新恢复检修运行过程中的健康安全环境风险,控制风险的措施不落实。

2. 违背安全是聘用的必要条件的原则。施工人员顾某在没有办理施工作业票的情况下,没有采取任何防护措施直接进入到罐内致使本人中毒死亡。企业没有充分考察员工的安全意识、技能和历史表现,聘用了不合格人员从事高危险的施工作业。

3. 违背企业必须对员工进行健康安全环境培训的原则。对从事高危险作业项目的外雇工,没有进行有针对性的安全培训,致使员工没有掌握相关安全知识和技能,没有养成良好的安全意识和行为,不能正确处理各种问题。

4. 违背各级管理者对业务范围内的健康安全环境工作负责的原则。组织施工的单位生产管理混乱,丙酮氰醇装置开工指挥部和氰化钠车间对丙酮氰醇装置的管理职责不明、责任不清,车间与开工组没有落实丙酮氰醇装置管理权限划转要求,导致各级领导和管理人员没有履行各自的安全职责。

5. 违背各级管理者必须亲自参加健康安全环境审核的原则。对丙酮氰醇装置内含剧毒类危险化学品的风险,各级管理者对其危害性认识不足,存在着麻痹大意的思想,没有按规范进行安全检查,不了解安全管理情况,对存在的安全管理薄弱环节不能及时发现并改进,导致从事有剧毒类危险化学品作业的安全措施的制定和执行不到位。

6. 违背员工必须参与岗位危害识别及风险控制的原则。事前没有组织相关人员对危害因素进行识别,当施工组织人员和操作人员发现半成品贮罐内有异味(氰氢酸的气味为苦杏仁味)时,没有采取停止施工和撤离的正确措施,当发生人员中毒后,在不具备条件的情况下,盲目组织施救,导致施救人员死亡的结果发生。

7. 违背事故隐患必须及时整改的原则。对半成品贮罐内含有氰化物、人孔过小、应急救援措施和装备不符合要求等事故隐患,没有发现和采取措施进行清除。

8. 违背所有事故事件必须及时报告、分析和处理的原则。综合维修队外雇工顾某没有采取任何防护措施直接进入半成品贮罐作业中毒后,丙酮氰醇装置工艺技术员兼设备员郑某没有对发生的事故及时进行报告、分析。在未采取有效措施的情况下,贸然进入罐内救人,导致事故扩大。

9. 违背承包商管理执行统一的健康安全环境标准的原则。丙酮氰醇装置开工指挥部和氰化钠车间作为此次作业的建设单位(业主),未认真落实安全监管责任,对综合维修队在日常安全管理中存在的漏洞重视不够,管理不严,导致综合维修队未执行进入有限空间作业许可制度,造成因承包商违章作业发生事故。

(三)点评

一起事故的发生,往往是由多种因素共同造成。如何避免类似事故,各级领导干部和广大职工应深入学习国家关于安全生产工作的一系列法律法规,认真贯彻集团公司HSE管理九项原则,要针对这起事故暴露出的问题,查思想、查制度、查施工纪律、查隐患、查违章,全面清理外雇工,认真做好安全合同的签订和入厂"三级"安全教育,提高领导干部安全意识,提高全员的安全自我防护能力,杜绝事故的再次发生。

第二节 反违章禁令

一、违章

违章是指违反安全管理制度、规范、章程,违反安全技术措施及交底要求所从事的活动。违章包括违章作业、违章指挥、失职行为。违章作业是指从事各类活动的人员在过程中出现的违章行为;违章指挥是指各级承担管理职能的人员,在活动过程中出现的违章指挥行为;失职行为是指承担安全管理、监督职责的人员,在活动过程中,不履行安全管理责任而出现失职、渎职行为。我们将违章同归为"三违"现象。

反违章的目的就是要杜绝"三违","三违"是指安全生产工作中的违章指挥、违章作业、违反劳动纪律,可能引起事故的行为或现象。"三违"行为,往往由无知造成,由于对事故的严重后果没有意识或认识不足,使违章者自觉或不自觉地置自己或他人于危险状态,甚至酿成悲剧。违章不一定出事(故),出事(故)必违章,违章往往是发生事故的起因,事故是违章导致的后果。违章指挥是指生产经营单位的生产经营者或管理人员违反安全生产方针、政策、法律、条例、规程、规章制度和有关规定安排或指挥生产的行为。违章作业主要是指操作人员违反安全规章制度冒着危险进行作业的行为。违反劳动纪律主要是指员工违反生产经营单位的劳动规则和劳动秩序,即违反单位为形成和维持生产经营秩序、保证劳动合同得以履行,以及与劳动、工作紧密相关的其他过程中必须共同遵守的规则。

"三违"现象有人的心理、生理以及管理等多方面的原因,如安全知识缺乏、安全意识低下以及不健康的安全心理;休息不足、劳动强度大导致意识疲劳;不良情绪和异常心理的影响;逆反心理、偷懒、私自简化操作程序和省事心理作怪;观察不细致,思想不集中,操作不熟练;自控能力差,应急处理能力差;教育培训未到位;现场缺乏安全检查和监护,现场管理人员责权不清,安全责任意识树立不牢;安全生产管理人员岗位安全职责落实不到位,不执行或执行安全生产管理制度不力,安排工作、指挥生产时违反有关安全生产管理规定等。

据集团公司近三年安全事故调查分析中发现,在发生事故的原因中,违章作业占 80%~90%。在违章指挥、违章作业、违反劳动纪律三者之中,违章作业危害最大,造成的影响和损害的程度也最为严重,有违章作业往往隐含有违章指挥和违反劳动纪律的特性,且具有一定的隐蔽性和不可抗拒性,特别是隐性违章作业不易发现,对安全生产构成巨大威胁。

二、反违章禁令

为进一步规范员工安全行为,防止和杜绝"三违"现象,保障员工生命安全和企业生产经营的顺利进行,集团公司于 2008 年 2 月 5 日发布《反违章禁令》(中油安[2008]58 号)。反违章禁令共六条。

1. 严禁特种作业无有效操作证人员上岗操作。
2. 严禁违反操作规程操作。
3. 严禁无票证从事危险作业。
4. 严禁脱岗、睡岗和酒后上岗。
5. 严禁违反规定运输易爆物品、放射源和危险化学品。
6. 严禁违章指挥、强令他人违章作业。

员工违反上述《禁令》,给予行政处分;造成事故的,解除劳动合同。

三、反违章禁令条文解释

1.《禁令》第一条:当无有效特种作业操作证的人员上岗作业时,处理的责任主体是岗位员工。安排无有效特种作业操作证人员上岗作业的责任人的处理按第六条执行。

特种作业范围,按照国家有关规定包括电工作业、金属焊接切割作业、锅炉作业、压力容器作业、压力管道作业、电梯作业、起重机械作业、场(厂)内机动车辆作业、制冷作业、爆破作业、危险化学品作业等。集团公司还将井控作业、放射性作业、海上作业纳入特种作业范围。

2.《禁令》中的行政处分是指根据情节轻重,对违反《禁令》的责任人给予警告、记过、记大过、降级、撤职等处分。

3. 依据《中华人民共和国民法通则》第123条规定,《禁令》中的危险作业包括高空、高压、易燃、易爆、剧毒、放射性、高速运输工具等对周边环境有高度危险的作业。

4.《禁令》中的事故是指安全事故,是指生产经营单位在生产经营活动(包括与生产经营有关的活动)中突然发生的,伤害人身安全和健康,或者损坏设备设施,或者造成经济损失的,导致原生产经营活动(包括与生产经营活动有关的活动)暂时中止或永远终止的意外事件。其等级为一般生产安全事故A级(3人以下死亡,或者10人以下重伤,或者1000万元以下直接经济损失的事故)及以上。

5.《禁令》是针对严重违章的处罚,凡不在本禁令规定范围内的违章行为的处罚,仍按原规定执行。

6.《禁令》条文释义详见《中国石油天然气集团公司反违章禁令学习手册》。

7. 国家法律法规有新的规定时,按照国家法律法规执行。

四、先进事例

大连石化公司落实反违章禁令,筑牢安全防线

反违章禁令涵盖了防止和杜绝"三违"现象发生的基本

要求,它针对的不仅仅是一线的广大员工,同时也包括各级领导干部。所以,贯彻禁令,就是要求我们从全员抓起、从基础做起,做强基础,安全才有保障。反违章六条禁令发布以来,大连石化公司结合自身实际认真宣传贯彻落实《反违章禁令》,宣传贯彻禁令突出"三实",即宣传学习工作"扎实"、贯彻执行"务实"、日常工作"落实"。通过采取多种措施,将反违章活动不断推向深入,为实现公司安全生产形势的根本好转奠定了基础。

(一)辨识习惯性违章行为,培育 HSE 理念

修改一项制度容易,但是改变一种习惯很难。只有 HSE 理念被员工充分掌握和理解,在执行中才不会走样,执行的效率才能保证。为此,他们采取了两项主要措施。

1. 有组织、有计划地推进企业 HSE 文化建设。

该公司制定了《关于推进企业安全文化建设的六项具体措施》。在每月的第一周生产经营大调度会上,由安环处、技术处、机动处、生产处等主要专业部门通报上一个月本部门的 HSE 专业检查情况;第二周大调度会上,对各机关部门及直属单位"一把手"进行 HSE 专业知识考试,考试成绩在公司局域网上进行公布;第三周的大调度会上,剖析一起典型事故案例;第四周的大调度会上,把生产、操作和施工现场出现的习惯性违章现象通过现场录像编辑起来,制作专题教育片,进行"不安全行为辨识"教育。

2. 探索违章行为的分析与控制,有效遏制"三违"。

违章行为的表现千差万别,对各种违章行为进行归类、分析,并制定相应的防范措施,对"反违章"工作具有重要的指导意义。具体做法是:

开展违章行为识别。为了便于员工查纠现场违章行为,该公司收集国内外石油化工典型事故案例 700 余起,编印《石油化工典型事故案例》六个分册,做到员工人手一册,并结合事故案例剖析,在员工中开展"安全作业分析"活动,借鉴危害识别分析方法,逐一查找每一个岗位,每一个作业过程中的"三违"现象,分析潜在的危险,制定有效的预防控制措施,让员工明确在现场应该注意什么、如何防范、出现问题如何处理等。同时。将员工已查找出来的 3069 条"习惯性违章现象"的表现形式和防范措施编印成《"三违"和习惯性违章现象汇总》小册子发放给基层单位和班组,为持久开展反违章活动提供指导。

进行违章行为控制。在生产操作岗位设置"安全提示卡",对岗位上出现的异常事件、险情和不安全行为,及时登记、分析,以利于各岗位实现安全经验共享。同时,通过推行使用"停止作业卡"和建立《员工安全考核记分册》等方法,时刻提醒、指正员工的不安全行为。据统计,三年来有

1350余名员工主动向违章现象亮了"红牌",使公司所倡导的安全文化不断强化,形成自觉,"三违"行为得到了有效遏制。

(二)开展"案例剖析"和"未遂事件"有奖征集活动

"案例剖析"活动就是以精心选择的、国内外同行业的典型事故案例,特别是本单位以往发生过的事故、事件案例为载体,组织员工开展参与式、讨论式的活动。

1. 强调"别人亡羊我补牢",开展案例分析活动。

在进行"案例分析"活动中,通过三维动漫以及幻灯片和图片等形式,每月精心编制一起典型事故案例剖析录像片,向员工提供最直接、最现实的事故经过、原因和后果教育,引发大家思索。在每月的第三周生产经营大调度会上还组织各单位党政"一把手"收看。公司向各基层单位统一发放投影仪、DVD录放像机等,利用班组 HSE 活动时间,组织员工进行案例分析。同时,为了达到"案例"学习的预期效果,每月还定期组织一次典型事故案例学习效果抽查考试,保证案例学习和讨论的质量。

2. 强调员工参与,开展"未遂事件"征集活动。

鼓励员工将本人亲身经历过或看到、听到的未遂事件贡献出来,以图文形式把经验教训分享给大家,使他人有所警惕、有所借鉴。为更好地激励和引领员工对未遂事件的经验教训互通信息、共享资源,以达到避免类似事件重复发生的目的,每周由副总经理、每月由总经理从被采纳的未遂事件中随机抽取一、二等奖以及总经理"特别奖",并为获奖的员工送上 600~2000 元价值不等的奖品。总经理还亲自签发内容为"感谢你让我们分享你所贡献的未遂事件,并希望你继续关注企业安全,关心企业发展。愿我们携手同心,共建平安,共享健康,快乐每一天"的《荣誉证书》,以资鼓励。

3. 强调及时改进,开展异常事件分析。

以问题的剖析和改进为起点,对于生产过程中出现的技术、设备、安全等异常事件和问题,单位领导必须在当天的公司生产经营调度会上以幻灯片、图片或书面形式汇报事件的经过、原因和采取的防范措施。主管部门按职责分工,协助车间作进一步分析,寻找失控点,制定控制对策。对于复杂的异常事件,组织专业人员分析,从技术、工艺、操作、管理等方面系统地查找根源,提高异常事件原因分析的可靠性,确保不再发生类似事件。

通过实施上述办法,收到了很好的效果:

一是效果直接,用看得见、摸得着的问题,开展有针对性的分析和研究,直接为安全生产服务。

二是指导性强,通过网页上开辟的"危险源辨识栏目",每周定期发布事故案例、事故信息和异常事件,为车间工艺、设备、安全等专业管理人员组织相关风险辨识、评估提供了丰富的素材和经验。

三是影响面大,通过对案例的研究、剖析,从实践层面开拓了管理思路,对举一反三,及时把行业生产经营中,以及员工身边的经验、教训转化为本部门、本岗位有用的东西,起到了推动作用。

(三)抓制度控制,提高执行力

人们常说"上有政策,下有对策"。"政策"与"对策"之间的较量其实本身就是"管理制度"与"执行力"之间的较量。疏于检查、查而不实、查而不纠、查而不报中最突出的是查而不纠、屡查屡犯的问题。为了解决这个问题,该公司重点做了三个方面的工作。

1. 依制度运行,凭制度规范。

公司进一步完善了《员工安全可靠度管理办法》和《健康安全与环境(HSE)奖惩管理办法》,举办制度建设常见问题及对策培训班,让各级管理人员和员工充分了解制度、遵守制度,对工作中存在的违反制度现象能够及时、有效辨识,并予以纠正。在奖惩机制上,突破传统思维模式,创新考核方法,实施"即时鞭策考核法",改变过去每个月进行考核的习惯做法。发现问题,立即进行查找纠正,迅速拿出考核意见,并通过当天的生产经营调度会和局域网公布。同时,还以问题的剖析和改进为起点,组织相关部门和单位制订规章制度、标准,提高了制度的可操作性。

2. 建立三个层面的滚动监督检查体系。

一是公司层面的滚动监督检查。公司领导每季度带队组织一次HSE督查;企管法规处、安全生产监督办公室等综合管理部门,每月按计划进行检查,重点进行管理部门职责履行情况、基层制度执行情况等内容检查。检查情况和问题以录像方式在公司生产经营大调度会上播放和讲评,对典型问题提出考核意见。

二是职能部门层面的滚动监督检查。每月生产、机动、安全、人事等专业部门,对本专业归口的HSE规章制度执行情况进行检查,检查结果在每月第二周大调度会上进行通报。

三是基层单位内部的滚动监督检查。目前各联合车间都建立了车间、装置、管理人员、班组四级监督检查体系,每周分别进行滚动检查。这个做法,已形成一种工作习惯,成为日常工作的一部分。

为了保证检查质量,在检查中坚持做到:检查到岗位,谁的岗位检查谁、谁的岗位谁迎检;严格按照HSE程序文件和规章制度的要求进行检查,程序文件怎么要求就怎么检查,树立程序文件和规章制度的权威性;合理搭配检查人员,把懂技术、懂管理的专业技术人才吸收到监督检查队伍中来,真正通过监督检查,解决现场中发现的实际问题;检查与指导并重,在检查中不但善于发现问题,还要告知被检查对象该怎么做、如何做,不能指手画脚后把问题留给被检查单位和人员。

3. 推行责任追究制,做到凡事必有说法。

出现问题必须有人承担责任,责任人必须受到惩戒。通过这种做法,引导各级人员通过尽职尽责、严格执行制度来规避责任。在落实这一原则的过程中,重点围绕以下三个方面开展工作:

一是处罚客观、公正。问题发生后,由企管法规处牵头组织对问题进行客观的调研和过程分析还原,把责任界定清楚,真正处罚那些该受罚的人。

二是处罚迅速、及时,问题及责任落实清楚后,立即在生产经营调度会上(或公司内部网页上)公布调查及考核结果,使责任人和周围员工在第一时间内受到警示和教育。

三是按照制度规定,凡是责任问题,追究相关人员的责任。

五、事故案例

无有效操作证违章作业,导致一人死亡事故

(一)事故经过

某运输车驾车人载货进入工地后,将运输车平行停放在距挖掘机左边不足两米的地方,下车后站在挖掘机与运输车之间,准备将运输车的挡板拆掉卸货。此时,挖掘机驾车人(特种行业资格证已经过期)在没有观察作业范围是否有人的情况下,操作挖掘机往右转方向,由于两车靠得太近,铲斗向右转时车尾向左转,挖掘机车尾在摆尾过程中,将站在两车之间的运输车驾车人夹在运输车与挖掘机之间,致使其头部被严重夹伤当场死亡,运输车被挖掘机尾部的推力挪动了三十余公分。

(二)事故原因

1. 挖掘机驾车人操作证过期,作业前没有对挖掘机回转范围内进行观察,盲目开动挖掘机作业,违反"严禁特种作业无有效操作证人员上岗操作"禁令,是造成事故发生的直接原因。

2. 挖掘机驾车人所在单位的安全管理出现漏洞,没有正确处理工期与安全的矛盾,未及时组织特种设备操作人员复证培训。

3. 运输车驾车人安全意识淡薄,没有充分考虑到停车位置可能存在的风险。

4. 工程施工单位对工地施工布局不合理,施工区与卸料区之间没有明显划分。

(三)点评

该事故反映出一些单位、个人为某些短期经济利益、无视法律法规要求,违章指挥无证人员上岗、无证人员违章操作,导致发生本该避免的安全事故而追悔不及。反违章六条禁令其中要求持有效证操作,是因为操作者如不掌握本工种、本专业的安全、技术理论知识和操作规程,未经实际操作训练,在操作过程中会误操作、瞎操作,遇到紧急情况时,不知道如何处理,极易造成事故发生。因此,要坚决贯彻集团公司"反违章禁令"要求,实现企业安全形势明显好转和根本好转。

第三节 有感领导

一、领导

领导是领导者及其领导活动的简称。领导者是组织中那些有影响力的人员,他们可以是组织中拥有合法职位的、对各类管理活动具有决定权的主管人员,也可能是一些没有确定职位的权威人士。领导活动是领导者运用权力或权威对组织成员进行引导或施加影响,以使组织成员自觉地与领导者一道去实现组织目标的过程。领导是管理的基本职能,它贯穿于管理活动的整个过程。

二、有感领导

有感领导是指各级领导通过带头履行安全职责,模范遵守安全规定,以自己的言行展现对安全的重视,让员工真正看到、听到和感受到领导在关心员工的安全,在高标准地践行安全,使员工真正感知到安全生产的重要性,感受到领导做好安全的示范性,感悟到自身做好安全的必要性,进而影响和带动全体员工自觉执行安全规章制度,形成良好的安全生产氛围。

三、有感领导的表现形式

有感领导的表现形式是多方面的,如切实履行直线责任和属地管理,自上而下,强有力地个人参与安全活动。各级管理者深入现场,以身作则,亲力亲为,提供人力、物力和组织运作上的保障,让员工感受到各级管理者履行对安全责任做出承诺。

具体表现可通过"七个带头":带头宣贯 HSE 理念,带头学习和遵守 HSE 规章制度,带头制定和实施个人安全行动计划,带头开展行为安全审核,带头讲授安全课,带头开展危害因素识别,带头开展安全经验分享活动。

四、实施有感领导的要求

第一,作为领导者,履行岗位安全职责是体现有感领导的基本要求。各级领导都要按照"谁主管,谁负责"的原则,切实认识到抓安全是自己分内的工作,必须认真履行好岗位安全职责,加强安全工作领导,科学管理,严格要求,严格考核。

第二,落实有感领导必须要从自身做起,其核心作用在于示范性和引导作用。各级领导要以身作则,率先垂范,制订并落实个人安全行动计划,坚持安全从小事做起,从细节做起,切实通过可视、可感、可悟的个人安全行为,引领全体员工做好安全环保工作。

第三,落实有感领导必须要不断提升自身安全管理领导力,掌握基本安全知识和管理方法是落实有感领导的基础条件。各级领导要加强学习,想安全、懂安全、能安全,要认真抓好各级干部 HSE 培训。要时刻注意做安全的有感领导,让员工听到、看到、体会到主要领导对安全的重视;多学习掌握安全知识和技能,并与员工分享;在生产和生活中,在安全方面处处以身作则;平时注意多与员工进行安全方面的沟通;始终如一地坚持对安全高标准严要求,经常进行行为安全审核;对在安全生产方面作出贡献的员工进行奖励。

第四,拓展有感领导的展示手段和方式,定期开展有感领导的群众测评,让员工评价有感领导,作为领导业绩考核的依据,推进各级领导加强对有感领导的展示,结合实际研究如何执行安全标准并付诸行动,建立一级对一级负责,一级辅导一级的有感领导工作模式。

五、先进事例

推行有感领导 提高 HSE 领导力

川庆钻探工程公司自开展 HSE 管理体系推进工作以

来,公司领导高度重视,将 HSE 管理体系建设纳入公司发展战略目标,认真推行有感领导,带头制定和实施领导个人安全行动计划,开展行为安全审核,并亲自开展安全知识培训和安全经验分享,处处体现了领导的带头作用,并将有感领导纳入年终考核,为 HSE 管理体系推进工作注入了强大动力。

(一)践行有感领导,需要深入理解有感领导的含义

"有感领导"是从杜邦公司引入的安全管理的重要理念,英文为 Felt – leadership,是杜邦公司在安全文化建设方面的一个重要组成部分,它的核心是从关心人的生命角度出发,要求领导带头引领全员参与,要求投入人力、财力、物力和相应的时间去管理安全工作。具体讲"有感领导",就是指各级领导通过带头履行安全职责,模范遵守安全规定,以自己的言行展现对安全的重视,让员工真正看到、听到和感受到领导在关心员工安全,在高标准地践行安全,进而影响和带动全体员工自觉执行安全规章制度,形成良好的安全生产

氛围。

(二)践行有感领导,需要坚决贯彻安全管理的基本原则

1. 领导的积极实践承诺是做好安全工作的基础。

安全环保关键在领导,有感领导应该将企业对待安全的期望清晰、全面地进行定义和说明,并确保其得到真正的理解、接受和落实执行。川庆公司提出"油气至上,安全为天"的核心理念,清楚地表明了公司对于安全的重视和承诺。公司总经理亲自做安全专题讲座,不仅明确地向整个公司传达安全的重要性,也表明了他个人对安全工作的重视和承诺。真正把安全放到与生产、财务和质量等企业要素同等重要的位置来考虑。

2. 履行岗位安全环保职责是体现有感领导的基本要求。

HSE职责是岗位职责的重要组成部分,安全管理是每个管理者的职责。各级管理者是管辖区域或业务范围内HSE工作的直接责任者,各级领导都要按照"谁主管、谁负责"的原则,积极履行职能范围内的HSE职责,制定HSE目标,提供资源,健全HSE制度并强化执行,持续提升HSE绩效水平。也就是说,从公司的一把手到现场的基层管理者,每一位领导都要对其所管辖的员工在工作场所的安全负责,即:各级领导是首席安全员,安全专业人员只是协助管理者将安全工作做好的咨询师、专家和顾问,员工是安全工作的积极参与者。

3. 领导要带头牢固树立"一切事故都是可以避免的"理念。

工作当中确实遵循和执行安全是可以管理好的及所有

事故都是可以预防的原则。危害识别和风险评估是一切HSE工作的基础,也是员工必须履行的一项岗位职责。任何作业活动之前,都必须进行危害识别和风险评估。员工应主动参与岗位危害识别和风险评估,熟知岗位风险,掌握控制方法,防止事故发生。隐患不除,安全无宁日。所有事故隐患,包括人的不安全行为,一经发现,都应立即整改,一时不能整改的,应及时采取相应监控措施。领导应对整改措施或监控措施的实施过程和效果进行跟踪、验证,确保整改或监控达到预期绩效。

4. 树立榜样,落实有感领导必须要从自身做起。

有感领导的核心作用在于示范性和引导作用。领导者若能树立好的榜样,则能更深远地影响员工。正所谓"身教重于言传",各级领导要以身作则,率先垂范,该公司总经理带头撰写发表《用科学发展观统领安全》文章,践行有感领导;公司各级领导带头开展安全经验分享和行为安全审核落实"七个带头"。

(三)有感领导需要在具体实践中得到充分体现

该公司总经理提出有感领导要落实"七个带头"。

1. 带头宣贯安全理念。

各级领导在本单位、本部门要带头积极宣传、贯彻安全管理理念,宣贯时不能照本宣科,要与本单位、本部门安全管理工作有机结合起来,让宣贯的对象能理解安全管理理念在本单位、本部门宣贯后有什么好处,能起到什么样的作用,要达到宣贯对象知道自己将要做些什么、怎么做才能让安全管理理念在本单位、本部门得到贯彻和落实。

2. 带头学习和遵守安全规章制度。

各级领导在本单位、本部门要带头学习和组织员工学习公司安全规章制度、有关安全方面的文件通知,并自觉遵守公司各项规章制度,不能说一套做一套,要给员工做好表率作用。如下基层检查工作时,自觉穿戴好劳动保护用品,坐车系安全带,遵守现场安全管理制度等。

3. 带头制定实施领导个人安全行动计划。

各级领导要结合本单位、本部门的生产实际,带头制定除自身岗位职责规定以外的能提高本单位、本部门安全管理工作的领导个人安全行动计划(如个人安全述职、到安全联系点进行HSE检查、开展安全观察与沟通、组织安全知识学习等),依据计划内容在规定的时间内付诸于实际行动,并在安全联系点开展安全观察与沟通,与员工进行安全问题交流,共同探讨岗位风险以及如何增强安全工作的一些办法。

4. 带头开展行为安全审核。

各级领导要不定时地对自己本身和本单位、本部门的生产、工作情况进行分析审核,对员工在生产、工作中的行为进行安全观察与沟通。通过分析审核,了解自己或员工近期的安全状况,做出对安全不良状况的应对措施或控制办法,以便于在下一步工作中能更好地开展各项安全工作。公司下发了《川庆钻探工程有限公司领导干部HSE审核管理办法》,将安全行为审核作为联系点审核的重要内容。带头开展审核,按安全观察与沟通方法开展审核,并明确了各级领导干部到基层开展安全行为审核的方式、频次、审核内容等。

5. 带头讲授安全课。

各级领导在本单位、本部门要积极带头开展安全生产知识讲课,讲课内容不局限于公司关于安全生产的制度,还要包括可以提高本单位、本部门生产、工作的其他安全管理及技术知识、安全法律法规、典型事故案例分析、安全设施与设备的正确操作方法和应急预案培训等。公司总经理带头做了《学习杜邦安全理念,推进公司 HSE 建设》的专题讲座,提出了有感领导的"七个带头"的思想;公司分管副总经理到公司各单位组织企业危害因素培训班,利用鱼刺图的方法阐述了公司各方面存在的风险,以及如何开展风险防范的方法。

6. 带头开展危害因素识别。

各级领导带头对本单位、本部门在新工艺、新技术实施和新材料(特别是特种设备作业、危险作业)使用前进行危害因素识别,对识别出来的危害因素进行分析,做出能将风险降低到可接受范围内的控制措施,并让生产操作人员知道自己将要面临哪些风险,掌握好如何控制风险的措施后,才能进行生产作业。

7. 带头开展安全经验分享活动。

各级领导要带头在本单位、本部门的各类会议、培训前进行安全经验分享,让大家通过安全经验分享,学习、总结他人的经验,吸取别人的事故教训,并将这些经验用于自己今后的工作中。安全经验分享的内容可以是公司现有的事故案例,自己在以往生产工作中的亲身经历,听到或看到他人的事例,也可以是从报纸、书刊、电视或网络摘录下来的其他事故案例等。公司总经理亲自带头开展了安全经验分享,其他领导组织会议时坚持开展安全分享活动,各部门召开会议时也坚持安全分享活动,特别是每周生产会上生产运行处坚持进行安全分享活动。公司各单位积极响应,在会议和学习等活动中组织开展安全经验分享,基层队伍也在班前班后会开展安全经验分享活动。

为了确保有感领导能有效贯彻,在公司与副职领导、各部门及二级单位签订的年度 HSE 目标指标责任书中,将有感领导的内容纳入过程考核,与绩效挂钩,激励有感领导的实施:各单位每季度向质量安全处报送领导个人安全行动计划和 HSE 目标指标的完成情况。

通过实施有感领导,进一步展示了领导对安全的重视和高标准的行为,进而提升管理者的影响力、领导力、亲和力,起到标榜作用,并使身边的员工受到感动,让员工对安全有所思、有所想、有所悟,对照反思自己的不足和缺陷,促使转变行为,培养高标准的安全习惯,以点带面,形成群体行为习惯,从而提高了企业安全管理水平,形成了良好的企业安全文化。

六、事故案例

带头违章乱指挥,吊臂触高压线致人亡

(一)事故经过

某钻井队在执行油井钻探任务,现场领导违章指挥吊车驾车人将吊车停在某公路 260 千米 +540 米处的一万伏高压线下面,当吊车起吊时吊臂碰在高压线上,造成接地打火。此时钻井队一名工人正好路过距吊车约 1 米处,由于工人在行走时形成了跨步电压,将工人打入沟内,经抢救无效死亡。

(二)事故原因

1. 现场领导违章指挥,在吊装货物时将吊车停在高压线下。

2. 吊车驾车人违章操作,在高压线下启动吊臂碰在高压线上,造成接地打火。

3. 现场安全监督检查不到位,没有及时制止高压线下起重作业和非作业人进入危险区域。

(三)点评

这是一起违反"有感领导应带头学习和遵守 HSE 规章制度"的事故。要求责任单位领导必须履行有感领导应有的职责,加大落实集团公司"反违章禁令"的宣贯和执行力度。加强培训教育,结合岗位员工实际需要,有针对性地组织开展培训教育,采取"导师带徒"、员工自学、集体学 HSE 活动以及开展典型事故案例分析等多种形式,加强员工对岗位应知应会学习,提高员工岗位操作技能和素质。做好生产组织与协调,每项作业前,都要认真组织策划和安排,充分识别作业过程中可能面临的危害因素及其风险,尤其对于新技术、新工艺、新设备及人员变更情况,必须全面进行识别,明确作业过程中的技术措施和安全措施,安排和作业相适宜的人员从事作业;加强危险作业监控,明确各种吊装作业的作业方式,针对不同吊装物,明确相应的吊装方式,尤其要明确被吊物体的高度及人员的安全距离,杜绝人员被动违章,确保危险作业得到有效控制。

第四节 岗位责任制

一、岗位责任制

岗位责任制是指明确规定各种工作岗位的职能及其责任并予严格执行的管理制度。它要求明确各种岗位的工作内容、数量和质量,应承担的责任等,以保证各项业务活动能有秩序地进行。包括领导干部岗位责任制、技术人员岗位责任制、管理人员岗位责任制、操作和服务人员岗位责任制等。

二、实行岗位责任制的原则

要坚持因事设岗、职责相称、责权一致、责任分明,任务清楚、要求明确,便于考核的原则。

三、岗位责任制起源及发展

1962年5月8日,大庆油田的中一注水站发生一起重大火灾事故,一把大火造成经济损失160余万元。采油一厂北二注水站引以为戒,在全体员工中开展了"一把火烧出来的问题"大讨论,提出了"从大量的、细小的、常见的工作入手,全面管好生产"的要求。使员工充分认识到管好生产必须要有一套科学的规章制度。通过不断摸索实践,逐步完善形成了岗

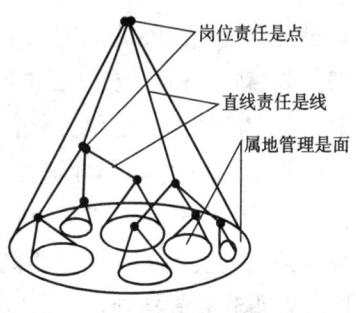

位责任制、交接班制、巡回检查制、设备维修保养制、水质化验质量负责制、岗位练兵制、安全生产制、班组经济核算制等八大制度,形成以"岗位负责制"为中心的管理制度。1962年8月,当时的大庆油田会战工委在战区推广岗位责任制。并组织第一次岗位责任制大检查。

岗位责任制和"谁主管、谁负责"的安全责任制进一步发展为直线责任和属地管理,形成岗位责任是点、直线责任是线、属地管理是面,安全管理做到点、线、面相结合,确保安全管理由平面管理方式发展为立体管理机制。

四、先进事例

用"责任心"筑牢安全大堤

大庆油田供水公司西水源建成于1960年4月,是大庆第一座水源。建站50年来,西水源的干部员工始终坚持发扬大庆精神、铁人精神和"三老四严"的优良传统,形成了"岗位责任制的灵魂就是岗位责任心"的安全文化理念,实现了安全生产18250天。

(一)用"责任心"提高安全管理标准,做到处处严要求

1. 严要求从细处入手,在"放大镜"下挑毛病。西水源

第二章 集团公司安全管理经验

不断总结和提升严细管理的经验,使员工做到了岗位交接从严,不迁就一个小毛病。干部员工互相监督是否按照点项交接,有一点差错决不交接。

2. 设备保养从严,不放过一个低标准。坚持做到一个保养环节不落,一个修保时限不差,每台设备能高效运转。

3. 日常考核从严,不容忍一个坏习惯。持续完善水源日常管理考核办法,全面推行三查法,即干部工人互相查、班组之间交叉查、外请专家诊断查,使干部员工始终绷紧安全从严要求这根弦。

4. 抓管理不漏点项,在"安全伞"下寻隐患。西水源是连续生产运行单位,哪个环节出现疏漏,都会影响到安全、优质、科学供水。他们结合实际,把水源工作中的安全环节细分为48项268个点,将其归纳为"水源安全管理工作流程法",实现了水源日常管理由抓"面"到抓"点"的转变,由抓表象问题到深究根源的转变,安全管理"点点"有章可循,做到了"在岗一分钟,负责六十秒",为安全生产运行奠定坚实的基础。

(二)用"责任心"强化安全制度落实,做到事事无疏忽

1. 用"责任心"细化岗位责任制。西水源结合生产实际总结了水源的《目标管理法》,不断完善了交接班制度,岗位巡查制度,制作了"加压泵操作卡"等8项操作卡。他们还把岗位HSE"作业指导卡"的内容制作成标牌,放在每个岗位的明显处,使岗位HSE"作业指导卡"的内容公开化,不仅使每名岗位工人充分了解自己岗位的性质和自己的职责,而且使来到这个岗位的人对本岗位有所了解。

2. 用"责任心"落实岗位责任制。西水源的领导每年都和班长及岗位人员层层签订安全环保责任书,细化安全环保考核指标,严格落实安全环保责任制。在安全检查过程中,既查具体细节,又深挖思想根源,看干部员工责任心强不强,用制度进一步规范岗位工人的安全行为,不断提高水源安全管理水平。

(三)用"责任心"进行安全教育宣贯,做到时时响警钟

1. 安全教育常抓不懈,做到警钟长鸣。49年来,西水源早会的第一件事就是讲安全,入厂的第一堂课就是安全教育课,使员工懂得安全工作的重要性。他们时刻注意抓住一切契机进行安全精神教育,引导教育员工做到铭记西水传统,自觉践行优良作风,将安全牢记心中。

2. 用文化塑造安全氛围,开展特色安全文化活动。西水源充分发挥安全文化建设的塑魂作用,用安全文化理念引领行为,提炼了"凡事想安全,一生保平安"、"宁要一个过得硬,不要九十九个过得去"等安全理念,他们还把安全经验分享,作为安全文化的一种习惯养成固定下来,潜移默化地影

响和改变员工的安全意识和习惯,形成了富有特色、管用有效的水源安全文化。

(四)用"责任心"增强安全技能培训,使员工做到"设备性能一口清,岗位操作出手精"

1. 活化载体,实现培训多样化。西水源根据生产实际不但组织员工系统学习安全知识和变电所、水源生产运行等相关安全技术知识,而且鼓励员工自觉的学习岗位技能。使干部员工熟练掌握本岗位的应知应会,增强处理突发事件的能力,提高了岗位竞争力。他们先后涌现出大庆石油管理局和公司级岗位技术能手19人,用过硬的技术确保了安全生产上万天。

2. 强化考核,确保培训见到实效。为提高培训成效,保证员工学习在"入耳"、"入脑"上下工夫,西水源创新培训工作方式,采取"点评制"方法,每个月对岗位工人进行安全知识的考核和"点评",半年进行总结性综合"点评",进一步调动了员工学习的积极性,确保培训见到实效。

3. 强化基层员工风险识别训练,增强员工防范事故能力。西水源利用技术培训的有利时机对班组长及岗位工人进行HSE管理体系知识培训。从HSE的风险识别、评估,到风险削减、控制措施等进行深入、规范地讲解,使员工初步掌握了HSE的基本常识,营造了全员参与安全管理的良好氛围,增强了员工预防事故发生的能力。

西水源根据识别出的中高度危险源,结合生产实际完善了"人身触电应急预案"等14项应急预案。建立了突发情况下分公司、水源、班组三级联动的应急协调机制,形成指挥统一、功能齐全、反应灵敏、运转高效的应急反应机制。同时,他们根据本单位生产实际进行演练,不断提高员工应急处置及自我保护能力,防止事故的发生。

一次一次的安全教育,一点一滴地抓养成教育,一项一项的安全工作落实,使水源安全工作上水平,管理工作上档次,双文明建设上台阶。西水源先后30次被评为市、局、省、集团公司安全生产超万天和安全生产先进单位,使会战初期的百面红旗单位在新的历史时期又有了新发展,被中国石油天然气集团公司授予"百面红旗"光荣称号。

"水源安全管理工作流程法",简单地说就是从早晨交接班开始,员工的工作就全部在流程约束下。如每天有多少项工作内容,每项都列清楚,每个环节需要做到什么程度,都有具体的量化标准,每项工作完成后,不仅工人自己要作出评价,接班人员要评价,班长要评价,队长也要评价,这四重评价确保每人每项工作都经得起检验,确保岗位责任的落实。

五、事故案例

责任缺失引发装置爆炸致八人死亡

(一)事故经过

2002年2月23日,从凌晨3时左右开始,某石化分公司聚乙烯新生产线工艺参数不正常,降负荷生产,到早上7时负荷降到了40%。7时20分,当班班长发现悬浮液接受罐压力急速上升,反应速度下降,于是安排三名操作工到现场关阀门,进行停车处理。操作工到达现场后,发现现场有物料泄漏,立即打电话向装置主控室报告,在班长跑向现场不到一分钟,新生产线就发生了剧烈爆炸。造成八人死亡、一人重伤、十八人轻伤,直接经济损失452.78万元。

(二)事故原因

1. 安全生产管理责任不到位,劣质玻璃视镜隐患未能及时排除。

由于聚乙烯系统运行不正常,造成压力升高,致使劣质玻璃视镜(该视镜的公称压力为 2.5MPa,根据事后解读 DCS 记录,破裂时压力 0.5MPa)破裂,导致大量的乙烯气体瞬间喷出,溢出的乙烯又被引风机吸入沸腾床干燥器内,与聚乙烯粉末、热空气形成的爆炸混合物达到爆炸极限,被聚乙烯粉末沸腾过程中产生的静电火花引爆,发生了爆炸。

2. 物资采购人员、验货人员未严格履行职责。

经调查发现,视镜采购单上的供应商是北京阀门总厂。但是北京阀门总厂根本不生产视镜,而是北京阀门总厂的一个代理商从温州某个经销点购买的。视镜是由上海郊区一个小厂生产的。通过对该厂进行调查,发现这个小厂没有任何质量检验手段,所以其产品是不是合格也就无法确定。事故发生后,代理商为了逃避责任,让上海另一个玻璃制造厂出据一个假产品合格证书。另外,调查发现运送到该石化分公司的视镜没有产品合格证而是一个检验单,检验的项目也有问题。物资采购人员、验货人员未严格履行职责,使不合格的视镜安在了装置上,埋下了事故隐患。

3. 工程施工管理责任缺失。

一是总承包方管理不到位。聚乙烯新生产线建设是由某工程公司总承包、安装公司施工建设的。安装打压试验是确保工程质量的一个重要环节,对易燃易爆的化工生产装置尤为重要。而这次事故发生后,打压单位未能向调查组提供原始打压记录。为了推卸责任,施工单位编造了一个打压记录欺骗调查组。二是工程监理和工程质量监督不到位。仅就打压这件事,监理公司也拿不出原始记录。三是甲方对施工管理不到位。对总承包单位没有很好地履行监管的责任,尤其是施工过程中的一些隐蔽工程,工程质量监督也没有尽到责任。

4. 工艺、生产管理责任不落实。

这次事故的起因是聚合反应不正常,而且是老生产线和新生产线同时反应不好。新线的操作规程与实际工艺不符,操作规程上规定干燥系统采用氮气法,而实际上采用的是空气法,增加了氧含量。通过事故调查发现,从22日9时到23日7时,不到24小时,装置就三次停电,新老线聚合停车三次、降负荷四次,其他系统停车三次,没有认真查找原因,就急于开车,盲目运行。

5. 工程设计和设计管理方面不规范。

设计单位中国成达化学工程公司对新线工艺是按老线

工艺照搬过来的,但老线悬浮液接收罐的安全阀开启压力为0.3兆帕,而新线的却是0.58兆帕。原化学工业部《压力容器视镜》标准规定:视镜最大直径为150毫米,最大公称压力为0.8兆帕。而设计部门选择直径为200毫米,公称压力为2.5兆帕的非标视镜,这种视镜目前国内无法生产。另外,厂房是封闭的,这也不符合国家的规范要求;还有沸腾床引风机的入口设置在聚合釜的上方,设计上也是错误的。

同时,甲方对设计管理不到位。聚乙烯新线原设计的干燥系统是氮气干燥,并在此基础上进行了安全评价。干燥系统改为空气干燥后,并没有进行安全评价,也不符合现行国家职业安全卫生规范,没有认真执行"三同时"的规定。

6. 劳动纪律松散,员工责任心不强,用工管理不严,技术培训有差距。

22日至23日,装置几次停电,多次降负荷,就是在生产波动的情况下,装置值班长不请假,只是向当班班长电话通知一声就不上班了,有的当班员工还在洗澡。聚乙烯新线的一名员工技术考核只得38分,在没有进行再培训考核的情况下就上岗操作。聚乙烯新线在开车前做了风险评价,也识别出聚合釜爆聚、沸腾床粉尘爆炸、工艺管线泄漏等危害因素,但对视镜的破碎、沸腾床引风机的入口吸入可燃气体等危险因素没有识别出来。

7. 没有真正树立以人为本,安全第一的思想。

各级管理层、领导干部,特别是主要领导对安全生产重视程度不够,工作不细,管理不严,安全生产的弦绷得不紧。对安全工作,强调得多,落实得不足,执行力不强,没有把安全工作真正落到实处。对干部教育也不到位,从严要求力度不够。存在重生产、抓产量、抓效益、抓扭亏解困,但忽视了各项管理和安全工作,特别是在标本兼治上力度不够。尽管也层层签订了责任状,但是,责任还没有真正落到实处,安全生产和遵章守纪意识还没有成为广大员工的自觉行动。

(三)点评

该事故进一步说明,企业应进一步建立健全各级领导及岗位员工的岗位责任制,并得到强有力的实施。一是强化主要领导和所属单位领导的安全环保责任书的落实,执行以"谁主管、谁负责"为核心的各项安全制度。二是落实各级干部与基层生产单位安全承包责任制,及时检查处理各种安全隐患。三是加强承包方的安全技术质量管理责任的落实,对设计、采购环节应严格控制,防止不合格或技术落后的产品运用在生产中。四是强化职工的责任意识教育,树立以人为本,安全第一的思想。通过全面强化岗位责任制的建立与实施,才能确保安全生产的长治久安。

第五节 直线责任

一、直线责任

直线责任就是指上级领导直接而全面地对下属单位(或个人)进行组织、协调、领导、指挥和控制的一种方式。直线责任者肩负着对履行职责的全体人员、全部过程全面负责,其核心是"谁管工作,谁管安全"。比如,生产运行主管部门,在组织、安排单位的生产运行时,应同时全面考虑其人员、装备、环境的安全。

根据史书记载,亚历山大大帝是第一个清楚定义"直线责任"(line responsibility)与"幕僚责任"(staff responsibility)的人,他在三十岁初,就建立了一个横跨欧亚非三大洲的大帝国。他说,战场作战指挥官正是直线官,负责完成军事目标,有决定权与指挥权,对幕僚官的建议与咨询服务可接受,也可拒绝。但只要接受,就要负起最后成败责任。直线作战官拥有资源、决策权和执行力,不能规避责任,卸责给幕僚。战场决胜负,关乎生死荣辱,角色与责任不能不弄清楚。否则,在一片责任模糊中,必一败涂地。

二、直线责任的表现形式

直线责任的表现形式主要有:(1)主要负责人做到"四个亲自",即:亲自研究审查本单位安全工作计划的制订;亲自抓本单位安全生产责任制的落实;亲自抓本单位重大隐患的整改;亲自深入到安全联系点进行检查指导。(2)分管领导做到"三个及时",即:及时分析把握本单位分管工作的安全生产形势,及时检查督促隐患的整改,及时督促落实安全防范措施。(3)职能管理部门做到"四个谁",即:"谁主管,谁负责"、"谁管工作,谁管安全",全面履行管理业务范围内的安全职责。(4)安全管理部门做到"四个到位",即:宣贯到位、检查到位、咨询到位、考核到位,努力形成事事有人管、层层有人抓的责任体系。

三、分配直线责任的原则

各级主要负责人对本单位安全工作负全面责任,分管领导对分管业务范围的安全管理工作负直接责任,各机关职能管理部门对本部门分管业务范围的安全管理工作负直线责任,各级安全监管部门对本单位安全负综合管理和监督责任。

四、实施直线责任的要求

为确保直线责任得到层层落实,实施单位首先应有专门机构负责直线责任落实的组织工作,制定实施直线责任的工作规划,考核直线责任的执行情况;其次是领导带头履行有感领导职责,开展"七个带头"活动;三是明确职能部门安全责任,按照直线责任要求,相关部门承担相应的工作,理顺部门的流程,如人事主管部门负责组织制修订岗位职责、培训主管部门负责组织相关部门开展安全培训、宣传主管部门负责组织开展安全宣传工作等;四是各部门积极参与直线责任履行推进活动,根据主管业务与安全的关系,针对性地开展各类活动,践行直线责任,如企管法规主管部门牵头组织开展安全规章的完善活动、生产运行主管部门在组织开展编制专项应急预案活动、装备主管部门开展设备安全大检查活动、培训主管部门组织开展岗位技能培训活动等。各部门主动履行自身的安全直线职责,改变过去凡是涉及安全的事情就是安全部门的责任的做法,使各职能部门的责任归位。形成一级对一级负责,层层抓落实,将安全管理责任落实到各级管理人员,使部门的领导安全观念逐步转变,向"谁主管工作,谁主管安全"迈进,改变安全工作由安全部门负责的局面。

五、先进事例

履行直线管理责任,提高 HSE 管理绩效

华北销售公司在落实直线责任中,形成了一级对一级负

责,层层抓落实,将安全管理责任落实到各级管理人员,使部门领导的观念逐步转变,向"谁管工作,谁管安全"迈进,使HSE工作为企业的生产经营起到了积极的保障作用。

1. 优化部门HSE职责。

遵循集团公司HSE管理原则,借鉴杜邦公司先进管理理念,按照"谁管工作,谁管安全"的要求,明确了各部门的职责和各项HSE业务的管理流程,安全管理职责逐步归位。按"以我为主,兼收并蓄"的原则,在继承传统的管理方法的同时,将杜邦公司的管理方法创新融入企业日常管理工作,促进HSE管理长效机制的建立。

2. 强化培训和沟通。

为让各部门人员掌握HSE管理理念和管理方法,举办公驾车人关处级干部HSE培训班5期,科级干部培训3期,对处级和科级干部进行轮训,转变部门人员观念,为各部门认真履行HSE职责奠定意识基础。采取"一对一"面谈沟通方式与各部门领导进行充分沟通和交流,达成了共识,明晰了管理方法,有力地促进各部门认真履行 HSE 管理职责。

3. 完善 HSE 分委会。

公司建立了 7 个分委会,分委会主任分别由分管副总经理任主任,相关部门负责人任副主任,成员由其他相关部门和单位负责人组成,明确各分委会 HSE 职责,落实了"谁管工作,谁管安全"的工作要求,促进相关部门强化直线责任,分工协作,主动参与 HSE 管理。各分委会定期召开会议,剖析存在问题,对相关工作进行安排,有效促进了公司 HSE 体系建设。如安全文化建设分委会审定《安全文化建设指导意见》,为培育公司安全文化提供了有力的支撑。

4. 落实部门 HSE 管理职责。

各部门承担 HSE 建设 12 项推进工作任务,做好安全管理工作。总经理办公室在强化应急管理过程中,组织编制了"1+18"的应急预案,党群工作处结合企业文化建设的需要,提出了"3331"安全文化建设指导意见;生产运行处在组织生产运行过程中强化了安全环保管理,到现场组织吊装风险识别和控制;企管法规处在去年加强基层建设"六查六补"活动的基础上组织开展"两提升、四无"活动。

5. HSE 管理成效。

在北京奥运会期间,公司围绕保障安全奥运的目标,成立应急指挥部和应急办公室,建立分级预防预警机制和 HSE 监控体系,使京津地区的加油站实现全天候监控;分级落实领导干部全日制巡查制度,层层签订安全环保工作保证书,完善 HSE 责任追究体系;对特殊地段的 53 座加油站安装防爆阻隔系统,在 16 座油库安装视频监控、电子巡更、溢油报警、可燃气体报警、周界入侵报警等先进安全装置；完成3座油库、295座加油站的安全改造，筑牢一条奥运安全保障线，确保了北京奥运会的圆满成功。

六、事故案例

安全管理责任层层漏，违章焊接导致九人把命丢

（一）事故经过

某有机化工厂乌洛托品车间因原料不足停产，经上级公司同意，厂部研究确定借停产之机进行粗甲醇直接加工甲醛的技术改造，在精甲醇计量槽溢流管上安焊阀门。精甲醇计量槽（直径3.5米，高4米，厚8毫米）内存甲醇10.5吨，约占槽体容积的2/3。当时，距溢流管左侧0.6米处有一进料管，上端与计量槽上部空间相连，连接法兰没有盲板，下端距地面40厘米处进料阀门被拆除，该管敞口与大气相通。精甲醇计量槽顶部有一阻燃器，在当时35度气温条件下，槽内甲醇挥发与空气汇流，形成爆炸混合物。

对溢流管阀门连接法兰与溢流管对接焊口（距进料管敞口上方1.5米）进行焊接时，电火花四溅，掉落在进料管敞口处，引燃了甲醇计量槽内的爆炸物，随着一声巨响，计量槽槽体与槽底分开，槽体腾空飞起，落到正西方80余米处，槽顶一侧陷入地下1.2米。槽内甲醇四溅，形成一片大火，火焰高达15米。两名焊工当场因爆炸、灼烧致死，在场另有11名员工被送往医院，其中六人抢救无效死亡。在现场救火过程中，有一人因泡沫灭火器底部锈蚀严重而发生爆炸，灭火器筒体升空，击中操作者下颌部致死。此次事故共造成九人死亡，五人受伤。

(二)事故原因

这是一起典型的安全管理混乱,各管理层没有履行直线责任、违章指挥、违章作业造成的重大安全责任事故,其主要原因是:

1. 作业现场的负责人员没有履行直线责任,在操作人员在进行焊接作业前,负责人员没有安排人员将甲醇计量槽完全隔绝,使进料敞口与大气相通造成空气汇流,导致爆炸混合物形成,并且焊接现场也没有采取监护措施,最终致使事故的发生。

2. 属于一级动火区域的有机化工厂其动火作业的主管部门,没有履行动火管理职责,擅自下放动火批准权限,动火管理失控,导致没有执行有关动火规定进行电焊作业的违章行为发生,使电焊火花引燃进料管口的爆炸混合物。

3. 在甲醇技术改造项目中,技术主管部门没有履行工程技术安全把关职责,没有制定施工技术方案和安全技术措施。

4. 有机化工厂决策层安全意识淡薄,没有履行直线责任,没有执行"企业须按 3‰~5‰ 比例配备安全管理人员,百人以上车间应设专职安全人员"的要求,没有设安全管理部门和专职安全管理人员,安全措施不落实,是造成事故的重要原因。

5. 教育培训主管部门没有履行好对员工的教育培训责任,没有按规定对员工进行安全教育培训,导致员工连"溢流管上下两头都是法兰螺丝连接,如把两头螺丝卸下,把溢流管搬到非禁火区焊接,完全可以避免事故的发生"这样简单的处理措施都不懂,说明员工的安全素质差,缺少岗位火灾预防知识。

(三)点评

该事故警示我们,应进一步强化直线责任落实。单位一把手做到"四个亲自"(亲自研究审查本单位的安全工作计划的制订;亲自抓本单位安全生产责任制的落实;亲自抓本单位重大隐患的整改;亲自深入到安全承包点进行检查指导),分管领导重点抓好"三件及时事"(能及时分析把握本单位的安全生产形势,及时检查督促隐患的整改,及时督促落实安全防范措施),管理层明确职责、监管到位;操作层做到认真负责、执行规范制度不走样,努力形成事事有人管、层层有人抓的责任体系。

第六节 属地管理

一、属地管理

属地管理即对属地内的管理对象按标准和要求进行组织、

协调、领导和控制。属地主管即属地的直接管理者。每个员工对自己岗位涉及的生产作业区域的安全环保负责,包括对区域内设备设施、工作人员和施工作业活动的安全环保负责,做到"谁的领域谁负责、谁的区域谁负责、谁的属地谁负责"。

属地管理是落实各级直线组织的安全责任和义务的一种有效的方法。属地管理要树立"家"的概念,属地主管对属地享有管理权,即属地主管要对进入属地的各类人员(施工人员、参观人员、服务人员等)实施管理。通过实施属地管理,使安全责任和义务与整个企业的生产、质量和成本等各项业务管理融为一体。

二、属地管理的内容

(一)属地的划分

属地划分按照"谁主管,谁负责"的原则,可按以下方法进行划分:

1. 工作区域划分,主要针对基层人员。
2. 资产(装置/设备)划分,主要针对直接作业(使用)人员。
3. 职能权限划分,主要针对各级管理人员。
4. 主雇关系划分,主要针对外委检修和施工项目。

(二)属地主管的职责

各级属地主管的职责可包括但不限以下方面:

1. 严格遵守安全规定及工作程序,完成本岗位描述中各项工作和任务。
2. 签发权限范围内作业许可证并进行条件确认。
3. 对作业对象进行危害识别、评价,对安全隐患实施排除、隔离。

4. 对承包商员工进行风险告知和现场监管,对危险作业实施全过程监护。

5. 对管辖区域的设备设施进行日常维护保养,确保设施性能和防护设施完好。

6. 对隐患、事故及时合理处置和报告,主动进行调查及整改。

7. 对区域内不安全行为进行制止。

8. 完成直线主管交办的其他工作和任务。

三、先进事例

落实属地管理责任,有效避免事故发生

克拉玛依石化公司大力推行 HSE 管理体系建设,在所属单位认真落实直线责任和属地管理,取得了明显的效果。例如2009年6月30日晚20时,在公司炼油第二联合车间工艺四班,员工陈军在负责区域巡回检查时,发现制氢Ⅱ套装置转化炉入口炉管线有水滴出。具有高度责任心的陈军马上认真仔细地查看起来,他爬上转化炉顶部,将测温点的保温层拆开后,发现转化炉进料线热电偶套管与管线本体焊接处出现一条3厘米左右的裂纹,并已接近套管直径的一半,正在泄漏大量气体。当时,制氢Ⅱ套装置处在运转状态,转化炉进料线内介质主要为温度高达480摄氏度的天然气,如果裂纹扩大,发生断裂,泄漏大量可燃气体,就可能导致重大火灾爆炸事故的发生。陈军立即报告,并同当班人员和值班干部迅速采取有效措施,及时排除了重大事故隐患,避免了重大安全事故的发生。

由于排除一起重大安全隐患,陈军获得了克拉玛依石化

公司颁发的5000元奖金,其所在班组也获得2000元奖励。

四、事故案例

违章操作导致的常减压装置闪爆事故

(一)事故经过

2003年8月25日,该公司300万吨/年常减压装置开始常规检修。9月11日8时检修完毕交生产开车。11日8时至17时装置进行吹扫试压,17时停汽,拆除油品出入装置盲板,为开工作准备。20时抽出燃料油、高压瓦斯盲板。

9月12日8时30分引柴油循环,脱水考验仪表;14时加热炉准备点火。司炉工甲受车间生产主任指派,找安全员联系中心化验室取样分析常压炉和减压炉可燃气,结果显示分析合格。16时引原油循环。16时30分车间生产主任安排司炉工甲、乙、丙作点炉准备及点炉前的最后检查,安排班长带人投运瓦斯系统,准备点火。16时55分完成常压炉点火后,司炉工丙直接去减压炉一层平台做开阀准备,司炉工甲进入炉底点减压炉9#火嘴时,减压炉发生闪爆。

事故造成三人死亡、一人重伤、五人轻伤,炉壁及框架严重损坏,减压炉整体损毁报废,直接经济损失45万元。

(二)事故原因

1. 点火前,操作工没有按照正确步骤关闭减压炉低压瓦斯火嘴阀门和高低压瓦斯连通阀,违章操作是造成这起事故的直接原因。

事故发生后,通过现场勘察发现:减压炉瓦斯系统有4个阀门处于不同程度的打开状态,一个DN80阀门,三个DN50阀门,经认定DN80阀门是高压瓦斯与低压瓦斯连通阀,流程改造后该阀门应是常闭阀,应用盲板盲死,三个DN50阀门是低压瓦斯火嘴阀,流程改造后也是常闭阀。这四个阀门其开度分别为DN80连通阀开10%(6扣),DN50瓦斯火嘴阀分别开40%(7扣)、40%(7扣)、50%(8扣)。根据现场情况分析,此次事故是减压炉司炉工在减压炉点火前的准备及检查工作中,没有进行认真严格细致的检查,没有查出高压瓦斯与低压瓦斯连通阀和三个低压瓦斯火嘴阀门有开度,使高压瓦斯气体在点火前通过低压瓦斯管线串入炉膛内,造成点火时发生闪爆。

2. 车间生产主任在不清楚流程的情况下,没有经过现场检查,误认为炉子瓦斯系统流程已经摆好,就指派安全员联系中心化验室取样分析常压炉和减压炉可燃气。实际上减压炉瓦斯流程并没有摆好,盲板还未拆除,炉膛内的状态还是检修状态。在盲板没有拆除,流程没有摆好的状态下要求化验室取炉膛气,分析炉膛可燃气体含量,化验分析结果显示分析合格,这个分析结果完全是假象。在取完炉膛气样后,车间生产主任又自相矛盾指派操作工,摆通瓦斯流程。在取样2小时40分后,安排操作工点炉。按规定:确认火嘴阀门关闭,瓦斯引到炉前拆除盲板,点火前1小时内采样分析有效。本次操作超出规定时间,又无人确认。

3. 根据新版操作规程要求,司炉工在摆好瓦斯流程、检查无问题后,应该打开直通和入空气预热器挡板、开鼓风机、引风机控制好炉膛负压,蒸汽脱水后,吹扫炉膛、火嘴,十分钟后关闭。但事故后调查时发现,减压炉引风机未开,鼓风机未开。这一重要的操作步骤漏项,却没有人监督,致使炉膛内瓦斯气没有及时排空,这是事故发生的主要原因。

4. 盲板管理没有确认。事故调查中发现,车间开工方案中没有开工盲板表,而是比照停工方案盲板表进行抽插盲板。盲板的抽插工作全部由盲板负责人一个人负责,盲板负责人8月26日抽除高低压瓦斯连通阀盲板进行减压炉烧焦后,在开工前忘记恢复插上该盲板。按照车间开工扫线分工表要求,由一名班长和一名司炉工负责高压瓦斯和低压瓦斯扫线、贯通、试压工作,但实际操作中两人工作不负责任、粗心大意,扫线、贯通、试压不彻底,没能发现高低压瓦斯连通阀有开度。

(三)点评

该事故反映出责任单位各级领导干部没有认真推进"直线责任"和"属地管理"的原则。装置开停工管理职责不清，领导干部疏于管理，甚至装置点炉这样的操作都不到现场督促检查安全防范工作是否落实。不负责任的领导，粗心随意的员工，漏洞百出的管理，形同虚设的制度，最终酿成了这起重大事故。

从事故教训中，要求我们各级领导要明确"直线责任"和"属地管理"是安全工作的基本原则，要把问题解决在基层、把矛盾化解在萌芽状态。同时，基层单位员工都要对自己辖区的安全工作负责。安全不仅领导要管，每一名员工也要管。在自己属地上的所有不安全行为和事故隐患，每名员工都有义务发现、有义务去制止和及时上报，充分行使主人翁责任，尽到企业员工的义务，保证所辖地域上的所有活动都处于可控的安全状态，实现安全管理的纵向到底、横向到边，杜绝安全事故的再次发生。

第七节 目视化管理

一、目视化管理

目视化管理是指通过颜色、标志等方式区分或鉴别工器具及设备的使用状态、工艺介质及流向、生产作业场所的危险状态、人员身份及资质等的现场(定置)管理方法。

在日常活动中，我们是通过"五感"(视觉、嗅觉、听觉、触摸、味觉)来感知事物的。其中,最常用的是"视觉"。据统计,人的行动的60%是从"视觉"的感知开始的。因此,在企业管理中,强调各种管理状态、管理方法清楚明了,达到"一目了然",从而容易明白、易于遵守,让员工自觉地理解、接受、执行各项工作,这将会给管理带来极大的好处。

目视化是指通过颜色、标志、标签等方式区分或鉴别工器具及设备的使用状态、工艺介质及流向、生产作业场所的危险状态、人员身份及资质等的现场(定置)管理方法。

二、目视化管理的内容

目视化管理包括人员目视化、工用具目视化、工艺目视化、设备目视化和现场目视化。

(一)人员目视化

人员目视化主要是通过安全帽、工作服、袖标、胸牌等对不同岗位、类别人员进行辨识区别。

(二)工具目视化

工具目视化主要通过在其明显位置粘贴有检查(校验)日期、使用状态(合格、不合格)的标签,以确认该工具使用的合格性。

(三)工艺目视化

工艺目视化主要通过在工艺管线上标明介质名称、流向,在控制阀门和关键阀门上悬挂或粘贴显示工位号或编号、相关参数的耐用标签。

第二章 集团公司安全管理经验

(四)设备目视化

设备管理卡	
设备编号	所在区域
设备名称	
运行责任人	
维修责任人	
设备等级	

设备目视化主要通过在设备明显位置设置标志牌,标志牌可包括设备基本信息、责任人以及使用状态等内容。

(五)现场目视化

现场目视化主要通过以不同颜色对生产作业现场进行区分。如生产装置周边划黄色指示线,提示有危险,进入时需注意;主要入口喷涂警示和提示标志;消防设备、重要设施及特殊要求场所划红色指示线,表示禁止、停止、危险以及消防设备。

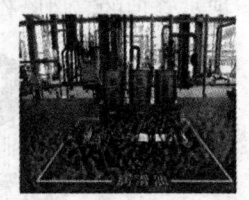

三、目视化管理案例

脚手架的目视化管理

高处作业是一项高风险的作业,脚手架是高处作业常用的工具,因脚手架不合格造成坍塌伤人或人员坠落事故时有发生,且高处作业大多是承包商作业,使用脚手架的人员不确定,管理起来比较困难。对脚手架实施目视化管理,能有效的降低作业风险。要求专业机构检查人员定期检测脚手架。检查结果必须悬挂警示标签,标签正面采用红、绿两种颜色。

1. 红色表示禁止使用,表示脚手架不合格、正在搭设或待拆除,除搭设人员外,任何人不得攀爬和使用。

2. 绿色表示准许使用,表示脚手架已经过检查且符合标准要求,可以使用。

警示签背面内容为脚手架检查清单,由专业检查人员定期检测并填写相关内容。对使用的脚手架钢管、脚手板也进行目视标志,脚手架钢管在两端距端面150毫米处涂刷色环,脚手板在两端涂刷宽度150毫米的色环,脚手架钢管、脚手板每年检验一次,每年用不同颜色的色环区分。

通过对脚手架实施目视化管理,即使非专业的人员也能通过一目了然的目视内容判断搭建脚手架是否合格,这样就把难管理的高风险作业变得更安全、可靠易行。

四、事故案例

静电引发的爆燃火灾事故

(一)事故经过

2008年4月20日8时30分,某化工公司精细化学品厂2-萘酚车间车间主任指派四名操作工执行加萘、化萘任务。14时10分左右,2-萘酚车间一楼化萘工段,正在加料的萘熔化锅(卧式、V=20立方米、碳钢、0.3兆帕蒸汽夹套加热)加料口突然发生爆燃,从萘熔化锅锅口喷出火球,瞬间将附近正待投入萘熔化锅内的固体塑编袋装白色片状固体萘引燃,发生火灾。

车间人员马上报火警(119)和急救中心(3996122),把伤员撤离至安全位置,组织急救,打开消火栓灭火。消防部门于14时12分28秒接警,14时40分扑灭火灾。火灾直接造成现场两名操作工死亡,一名操作工重度烧伤,一名操作工轻度烧伤。同时,现场固体萘损失约1.5吨,该工段部分门窗烧毁,直接经济损失约2.5万元。

(二)事故原因

1. 生产过程中的加料方式不合理,化萘锅加料口下部的萘气体与空气形成了爆炸性混合物。

2. 通风不畅和静电积聚为事故的发生埋下了隐患。操作工将塑编袋装白色片状固体萘向加料口倾倒时,包装袋的聚乙烯内衬与萘颗粒发生摩擦,产生静电,同时此静电能量恰好达到了上述爆炸性混合物的最小点火能量(相关技术资料表明,此种放电能量已远远大于最小点火能),引起爆炸、燃烧。

3. 该产品的生产工艺自2004年初处于试生产阶段,装置设计虽经青岛华东设计院进行了安全评价(该院具有国家安全评价资质),但从实际生产情况来看,该装置化萘锅投料口萘气体浓度超标是导致此次事故的间接原因。

（三）点评

该事故一是暴露出责任单位没有严格推行目视管理，没有明确规定物料存放位置及安全通道，加料时人员站位等，作业人员有时把物料堆放到安全通道，人员站位不符合要求，车间相关人员检查不严，没有严格把关，没有严格按照规章制度办事。二是反映出培训教育不到位。因装置搬迁改造，对新招员工进行风险识别、危害防范和目视管理教育不到位，自我保护能力不够，对加料口通风变化情况没有引起警觉，没有及时采取措施或向车间反映存在隐患。因此企业应大力推行目视管理，从企业实际出发，有重点、有计划地逐步展开，在这个过程中，应做到的基本要求是统一、简约、鲜明、实用（统一，即目视管理要实行标准化，消除五花八门的杂乱现象；简约，即各种视觉显示信号应易懂，一目了然；鲜明，即各种视觉显示信号要清晰，位置适宜，现场人员都能看得见、看得清；实用，即不摆花架子，少花钱、多办事，讲究实效）。

第八节 工作前安全分析

一、工作前安全分析

工作前安全分析（JSA，是英文 Job Safety Analysis 缩写）：是通过有组织的事先或定期对工作任务中所存在的危害进行识别，评估风险，并按照优先顺序来采取措施，降低风险至可接受的程度的一种方法。它是一个非常实用的现场风险识别和控制风险的工具。

二、工作前安全分析的步骤

(一)成立工作前安全分析小组

常规作业由各单位指定工作前安全分析小组组长,组长选择熟悉工作前安全分析方法的管理、技术、安全、操作等人员组成工作前安全分析小组。

非常规作业的工作前安全分析小组应由生产单位与施工单位共同组成,小组成员是该项作业的相关人员。

(二)工作任务分解

将工作任务分解为可观察到的工作步骤。步骤不可过于笼统,也不可过于细节化,一般来说步骤的分解不易超过10步,要点在于找出存在风险的关键步骤。

(三)危害识别

识别出每个关键步骤中的危害。危害因素的描述应简洁、直接,将工作中会导致人员伤害、设备受损等情况描述清楚。

(四)风险评价

工作前安全分析小组对存在潜在危害的关键活动或重要步骤进行风险评价。

(五)制定风险控制措施

制订有针对性的风险控制措施,将风险降低到可接受的范围。

(六)作业许可和风险沟通

作业前应进行有效的沟通,确保:

1. 让参与此项作业的每个人理解完成该作业任务所涉及的活动细节、相应的风险、控制措施,以及每个人的分工及责任；

2. 参与此项作业的人员进一步识别可能遗漏的危害；

3. 如果作业人员意见不一致，应待异议解决并达成一致后方可作业；

4. 如果在实际作业中条件或者人员发生变化，或者原先假设的条件不成立时，则应对作业风险重新进行工作前安全分析(JSA)。

三、案例分析

安全分析不到位，受限空间作业中毒亡人

（一）事故经过：

2008年8月20日，某油田施工队在城市污水管网改造中，作业人员在新老污水管网进行对接的过程中，由于向老污水井外侧对接未通，两人贸然进入井内查看情况。随即导致两人昏迷，另外三位施工人员发现情况异常后，在不明原因的情况下，进入井内实施抢救，也导致当场昏迷。随后赶至现场的管理人员发现后迅速报警。消防队员下井施救，但终因中毒时间过长，有三人当场死亡，两人送医院抢救无效

死亡。

(二)原因分析

1. 两名施工作业人员未做工作前安全分析,未做风险辨识,进入污水井作业前未办理受限空间作业许可证,贸然进入污水井作业造成死亡事故。

2. 救援人员缺乏救护知识,不懂应急施救的程序和要求,施救人员盲目施救,造成二次事故的发生。

3. 施工作业人员安全意识淡薄,安全培训不到位,安全知识缺乏,未制定安全工作方案和应急救援预案等文件,不知道,也不懂得污水井内会产生硫化氢有毒气体,进入污水井前,未对井内产生硫化氢有毒气体浓度进行检测,未采取任何通风措施,进入污水井不带安全防护用具。

(三)点评

这是一起典型的作业前未做工作前安全分析导致事故发生的案例。该事故暴露出一些基层单位管理人员和操作人员安全意识不强,风险识别不认真、不全面,违章蛮干。因此要求施工单位在施工前应做好施工方案的制订和风险控制工作及安全交底,强化作业人员安全培训,掌握一定的安全常识和知识及自救和互救知识。同时还应要求每一具体作业由作业者本人管理自己作业中的风险,通过参与对 JSA 的编写、讨论、沟通、遵守及修订等,提高员工对日常作业中的风险及控制方法的认识,杜绝违章作业。

第九节　安全观察与沟通

一、安全观察与沟通

安全观察与沟通是首先对员工作业行为和作业环境进行观察,以确认有关任务是否能得到安全的执行,再通过与员工沟通有关行为是否安全并取得共识的过程。重点观察员工在工作地点的服装、动作、位置、操作形态及有可能发生的不良后果,并对观察到的所有不安全行为和状态都要立即采取安全行动。

"安全观察与沟通"就是要各层次管理人员和全体员工,学会安全观察方法和沟通技巧,运用 STOP 观察卡(STOP 是英文 Safty Trainning Observation Program 的缩写,中文意思是安全、训练、观察、计划,简称为 STOP),是一种以行为作为基准的观察计划,避免因一个人的不安全行为制造一个不安全的状况,从而造成自己或他人的伤害。使员工拥有达到安全的工作条件。

安全观察与沟通是改善员工不安全行为的一种基本方法。通过该方法的应用,能够使员工克服行为上的不安全因素,建立良好的安全行为习惯,进而推动企业安全文化的形成,以达到改善企业安全绩效的目的。

二、安全观察与沟通的内容步骤

(一)安全观察与沟通的内容

安全观察与沟通应重点关注可能引发伤害的行为,其内容包括以下七个方面:

1. 员工的反应。
2. 员工的位置。
3. 个人防护装备。
4. 工具和设备。
5. 程序。
6. 人体工效学。
7. 整洁。

(二)安全观察与沟通的步骤

安全观察与沟通以六步法为基础,具体步骤如下:

1. 观察:现场观察员工的行为,决定如何接近员工,并巧妙地阻止不安全行为。

2. 表扬:对员工的安全行为进行表扬。

3. 讨论:与员工讨论观察到的不安全行为、状态和可能产生的后果,鼓励员工寻求更为安全的工作方式。

4. 沟通:就如何安全地工作与员工取得一致意见,并取得员工改进的承诺。

5. 启发:引导员工讨论工作地点的其他安全问题。

6. 感谢:对员工的配合表示感谢。

三、安全观察与沟通案例

安全观察与沟通解决违规吊装

观察：巧妙地阻止违规吊装作业，请两位吊装人员撤离作业现场。

表扬：对员工为企业的贡献进行表扬。

讨论：现场起重作业的风险，如识别出：①吊装作业现场没有吊装指挥员进行统一指挥；②没戴安全帽的危害；③在起重臂下面作业；④没有配套游钩游绳，人员用手直接把吊装物易造成伤害危险；⑤作业现场杂物较多，存在绊倒员工的危险等。

沟通：所讨论的违规及风险得到员工的认同，并立即得到杜绝违章作业，消除存在的安全隐患的承诺。

启发：听取员工对吊装作业的改进建议。

感谢：对员工给予安全工作的支持和提出的意见和建议表示感谢。

四、事故案例

违规吊装导致的起重伤害事故

(一)事故经过

某试修公司在井队搬迁过程中在吊装钻井液过渡槽(以下简称过渡槽)时,由于吊车大钩起吊时未在过渡槽重心正上方,使过渡槽起吊时产生倾斜。吊车驾车人在不能完全看见过渡槽的情况下,将过渡槽吊起,左转动吊臂,试图将过渡槽从污水车与运输车 A 之间通过,吊至 40 吨吊车右侧的运输车 B 上。由于使用一根过短的钢丝绳起吊,造成吊车大钩处两绳套间夹角过大。吊臂左转动过程中,钢丝绳在过渡槽两横拉筋处产生滑动,使过渡槽倾斜度逐渐加大。吊车驾车人发现过渡槽进一步倾斜,吊臂停止转动。此时,站在运输车 A 右侧的钻工前去扶住过渡槽低端并转动,当过渡槽高端转动至污水车方向时,吊装钢丝绳高端绳套从吊车大钩中滑出,过渡槽低端着地,高端随即落下,砸在另一名钻工安全帽右侧,将其压倒(压住上身和右脚),经抢救无效死亡。

(二)事故原因

1. 吊车大钩安全销弹簧疲软,安全销不能有效复位,安全销与吊车大钩之间存在一定的间隙,造成过渡槽高端钢丝绳套从吊车大钩内侧与安全销间的间隙处弹出,过渡槽落下将吕某压倒。

2. 吊装大件、长件时,两端未用揽风绳而采用手直接推拉吊物的习惯性违章行为,没有得到有效地纠正。

3. 起吊时吊车大钩未在过渡槽重心正上方,加之起吊钢丝绳过短,导致吊车大钩处两绳套间夹角过大,使过渡槽在起吊时产生倾斜。

4. 使用一根钢丝绳起吊过渡槽不能有效保证其平衡,过渡槽与钢丝绳相对滑动,使过渡槽倾斜度逐渐加大,导致过渡槽连续抖动。

(三)点评

该事故反映出责任单位作业人员安全意识淡薄,未推行"安全观察与沟通",现场安全管理混乱,井队搬迁安全预案不落实,车辆未合理布局,停放混乱,起吊空间狭窄,影响吊装作业。在过渡槽吊装时,未按规定将人员撤离至安全地带。同时在搬迁作业过程中,管理人员职责不明,协调配合差。吊装作业过程无专人指挥,对现场作业吊车未认真进行检查,未及时发现吊钩存在的隐患。

因此,作业现场应全面推行"安全观察与沟通",以进一步增强员工安全意识,规范员工安全生产行为,及时发现不安全行为,侥幸的冒险行为,及时制止不安全行为,消除不安全状况,防微杜渐,实现安全生产施工无事故。

第十节 作业许可

一、作业许可

作业许可是通过作业的申请、审查、批准、作业过程管理等程序落实作业风险控制措施,明确作业相关人员职责,对作业相关方进行有效沟通的管理方法。

作业许可的范围是生产区域的相关规定或工作程序(规程)未涵盖的非常规作业、检维修作业、工程施工作业,包括有专门程序规定的特殊作业,如受限空间、土方开挖、高处作业、吊装、管线或设备打开、临时用电、动火作业、放射性作业、爆破作业、潜水作业等。

在作业过程中发生的事故通常都有两个原因:一是没有在作业之前识别出作业本身存在的危害及后果;二是作业缺乏计划性并且没有采取必要的风险控制措施。作业许可是有效控制非常规作业,保证作业安全的一条重要手段。

二、作业许可的管理内容

(一)作业许可的范围

作业许可的范围针对非常规作业,如临时性的、缺乏程序规定的以及承包商作业的活动。在所辖区域内进行下列工作应办理作业许可证:

1. 非计划性维修工作(未列入日常维护计划或无程序指导的维修工作)。

2. 承包商在厂区内工作。
3. 偏离安全标准、规则、程序要求的工作。
4. 交叉作业。
5. 在其他承包商区域进行的工作。
6. 没有安全程序可遵循的工作。
7. 屏蔽、报警、中断连锁和安全应急设备。

(二)风险评估

办理作业许可证之前要组织所有作业人员进行工作前安全分析,工作前安全分析完成后才能填写作业许可证。

(三)培训交底

作业负责人应组织所有作业人员就工作前安全分析和许可证中的内容进行培训交底,交底完成后方可到批准人处申请作业许可,不应在许可证签发后才对作业人员进行培训交底。若批准人在审核许可证的过程中发现安全措施需补充,应及时就补充的内容与所有作业人员进行沟通。

(四)现场进行核实

许可证应由批准人到作业现场进行核实,在确保安全措施落实到位,作业人员接受培训后,再签发作业许可证。切忌在办公室里批准作业许可证。

(五)许可证的关闭

许可证的签发表示工作正式开始,许可证的关闭表示工作正式结束,许可证签发后不应对其已确认的内容进行更改,因此批准人在签发许可证时要慎重考虑许可证的有效期,尽量减少不必要的延期。

三、案例分析

违章动火造成重大亡人事故

(一)事故经过

某聚酯厂拟将11区T01燃料油罐上的液位计取下。这项临时措施委托给一个保障队实施。1996年10月9日,聚酯厂化工三部设备助理口头向保障队班长交代了施工方案和工作要求。9时左右,保障队班长派本班工人找安全员开动火证。安全员既没有到现场检查,又没有严格执行动火证有关规定,只依据保障队工人提供的动火部位,开了一张"增加过滤器"的动火证,并告诉他找现场的当班班长派监护人。保障队班长到11区现场控制室没有找到当班班长,便直接找控制室的操作工,一操作工便去现场监护动火作业。保障队班长指挥本班七人在11区南围堤外的场地进行管线预制,时近中午,已经将T01罐底的排净阀、过滤器和泵的连接工作完成。中午休息后,保障队班长带领本班人员继续作业。15时,由另一操作工到现场监护。15时30分左右,保障队班长因考虑预制去T02罐顶的"F"管,需用吊车才能安装,为了省事,便决定在罐顶直接焊接。聚酯厂化工三部主任、设备助理、当班班长均先后在现场口头提醒保障队班长到外边预制,不能在罐区里面动火,但保障队班长没能照办。15时50分许,在保障队班长的指挥下,立管、横管已经就位,电焊工点焊了一下未焊住;重新对位后,电焊工继续点焊,就听一声闷响,T02罐内的可燃气体爆炸。随之罐体与罐底脱离并移位,倾倒在管排边上。罐内约60吨左右的120℃燃料油(罐液位61%)喷泻而出并着火。T02罐顶部的五名员工有四人经抢救无效死亡；一人重伤；在地面作业、监护、巡检等工作的六名员工均有不同程度烫伤，造成四死七伤责任事故。

（二）事故原因

1. 安全员既没有到现场检查，又没有严格执行动火证有关规定，只依据保障队工人提供的动火部位，违规开了一张"增加过滤器"的动火证。

2. 保障队班长擅自扩大作业范围，未办理新的动火证，违章指挥在T02油罐顶直接焊接"F"管。

3. 保障队电焊工违章在存有60吨的T02燃料油罐顶点焊作业，造成亡人惨祸。

（三）点评

动火证是化工企业执行动火管理制度的一种重要方法。在办理动火证的过程中，动火执行人、项目负责人、车间安全技术人员、分析人员、监护人、值班主任（工段长）、车间主任都各自有自己的责任,层层负责,人人把关,共同对动火安全负责。办理动火证的过程又是具体落实动火安全措施的全过程。从办证、与生产系统隔绝、排气、置换、清洗、分析、清除周围易燃物到消防措施和监护等都必须一一落实之后,审批人才能批准动火。其次,批准了动火证是动火的"指令",项目负责人必须对动火执行人逐项交代清楚、动火执行人要认真进行核实,确认无误后应严格按"指令"中的要求去执行,只有这样才能确保安全动火。

第三章

事故致因理论

事故致因理论是从大量典型事故的本质原因的分析中所提炼出的事故机理和事故模型。这些机理和模型反映了事故发生的规律性,能够为事故原因的定性、定量分析,为事故的预测预防,为改进安全管理工作,从理论上提供科学的、完整的依据。

随着科学技术和生产方式的发展,事故发生的本质规律在不断变化,人们对事故原因的认识也在不断深入,因此先后出现了很多具有代表性的事故致因理论和事故模型。

第一节 因果连锁理论

一、因果连锁理论

1931年美国安全工程师海因里希首先提出了事故因果连锁理论,用以阐明导致伤害事故的各种原因及与事故间的关系。该理论认为:

1. 伤害事故的发生不是一个孤立的事件,尽管伤害可能在某瞬间突然发生,却是一系列事件相继发生的结果。即:人员伤害的发生是事故的结果,事故的发生是由人的不安全行为和物的不安全状态所导致,人的不安全行为和物的不安全状态由人的性格缺点造成,人的性格缺点是由于不良环境诱发的,或者是由先天的遗传因素造成的。

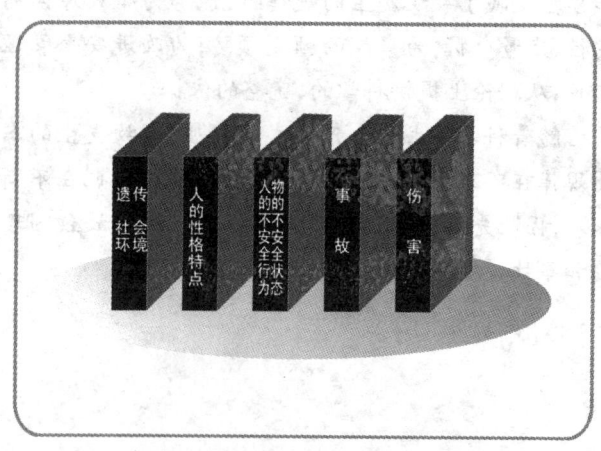

2. 不安全行为是大多数事故的主要原因。海因里希曾经调查了美国的75000起工业伤害事故,发现98%的事故是

第三章 事故致因理论

可以预防的,只有2%的事故超出人的能力能够达到的范围,是不可预防的。在可预防的工业事故中,以人的不安全行为为主要原因的事故占88%,以物的不安全状态为主要原因的事故占10%。

3. 海因里希在研究330起跌倒事件中,300起事件没有造成伤害,29起引起轻微伤害,1起造成了严重伤害,即严重伤害、轻微伤害和没有伤害的事故数量之比为1:29:300。

4. 在工业事故中,人员受到伤害的严重程度具有随机性。大多数情况下,人员在事故发生时可以免遭伤害。

5. 防止事故的方法与企业生产管理,成本管理及质量管理的方法类似。

人们用多米诺骨牌来形象地描述这种事故因果连锁关系。如右图所示,在多米诺骨牌系列中,一颗骨牌被碰倒了,则将发生连锁反应,其余的几颗骨牌相继被碰倒。如果移去

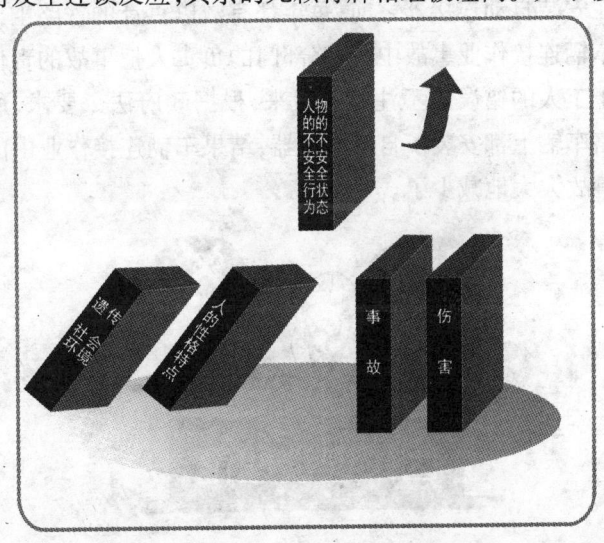

连锁中的一颗骨牌,则连锁被破坏,事故过程将被中止。海因里希认为,企业安全工作的中心就是防止人的不安全行为,消除机械的或物质的不安全状态,中断事故连锁的进程而避免事故的发生。

事故因果连锁理论的贡献在于提出了:事故具有偶然性,存在可能性问题,即概率问题。人的不安全行为和物的不安全状态不等于事故,事故不等于伤害。该理论曾被称作"工业安全公理",作为世界上广大安全人员从事安全工作的理论基础。集团公司一直坚持开展的"反三违"活动以及当前施行的"反违章六条禁令",正是着手于控制员工的不安全行为。但该理论也表现出其时代的局限性:过分强调人的不安全行为,认为90%左右的伤害事故都是由人的不安全行为所引起,把大多数事故的责任都归咎于人的不安全行为,忽视了本质安全对防范事故发生所起的作用,如:美国铁路列车在安装自动连接器之前,每年都有数以百计的铁路工人死于车辆连接作业事故中,铁路部门的负责人把事故的责任归咎于工人的错误或不注意。后来,根据政府法令要求,所有铁路车辆上都安装了自动连接器,结果车辆连接作业中的死亡事故大大地减少了。

二、事故案例分析

违章操作猫头绳,被绞入造成重伤

(一)事故经过

2005年11月2日2点30分左右,某钻井队钻井一班在接完140号单根后继续钻进,司钻下钻台去检查循环系统改小循环后钻井液跑漏情况。实习副司钻将刹把交给井架工操作后,在值班干部及当班司钻没有安排的情况下,未采取有效的安全措施,擅自在外钳未承受任何负荷的自由状态下,向新转岗工人进行拉猫头的实际操作示范,在缠第二道猫头绳时,外钳向猫头方向急速运动,实习副司钻被缠乱的猫头绳绞入猫头,随猫头转动两三圈后,该同志被甩下,造成右臂肱骨、左腿胫骨、右胸第四、五、六、七根肋骨骨折。

(二)原因分析

该事故的因果连锁关系分析如下:

1. 人员伤害由事故导致。

2. 事故由人的不安全行为(未接受指令擅自操作、操作前未确认设备状态、未采取安全措施违章蛮干、无人监护操作)和物的不安全状态(吊钳使用完后未固定、设备本质安全性低,无自动猫头或液压猫头)所引发。

3. 人的不安全行为和物的不安全状态由人的性格缺点造成(鲁莽:无安全措施就操作;轻率:未确认设备状态就操作;冲动:无指令作业,想干什么干什么)。

4. 人的性格缺点由不良环境(如长期的野外工作,情绪不稳定,易冲动,施工现场安全管理不到位等)所诱发。

(三)点评

将以上因果连锁关系中移去连锁中的一颗骨牌,则连锁被破坏,事故过程被中止。

1. 井队应进一步改善野外工作环境,加强政治思想教育和文化娱乐设施建设。强化安全管理,尤其现场安全管理。严格落实交接班制、干部值班制。值班干部在交接班时一定要做到对工作有详细的布置,同时要掌握本班人员的动态,并在生产过程中予以监督。

2. 钻井队应进一步强化各项安全规章制度的学习、培训,提高员工安全意识,进一步提高员工的操作技能。

3. 操作人员严格按规程操作,做到有作业就有指令、有作业就有确认、有作业就有监护,以正确的操作保证安全。

4. 严格落实岗位巡回检查制度,及时排查设备隐患,确保设备在待命工况下处于安全状态。

第二节 轨迹交叉理论

一、轨迹交叉理论

轨迹交叉理论是从事故发展运动的角度,描述事故的发生过程,该理论认为:事故是由人的不安全行为和物的不安全状态共同作用所发生的,只有两种因素同时出现、交集,才能发生事故。

(一)人的不安全行为

1. 生理、先天身心缺陷。
2. 社会环境、企业管理上的缺陷。
3. 后天的心理缺陷。
4. 视、听、嗅、味、触等感官能量分配上的差异。
5. 行为失误。

(二)物的不安全状态

1. 设计上的缺陷,如选材不当,强度计算错误,结构不合理、完整性差,安全装置缺失,不利于操作维护保养等。

2. 制造、工艺流程上的缺陷。

3. 维修保养上的缺陷,降低了可靠性。

4. 使用上的缺陷。

5. 作业场所环境上的缺陷。

虽然该理论也认同消除人的不安全行为可以避免事故的观点,但该理论更加侧重对物的不安全状态的控制,认为机械设备的不安全状态与人的不安全行为相比,对导致事故发生所起的作用更大。主要原因是由于人的行为受到许多因素的影响,控制人的行为是件十分困难的事情。在多数情况下,由于企业管理不善,使工人缺乏教育和训练,导致了人的大量不安全行为发生,而机械设备则不同,机器在人们规定的约束条件下运转,自由度较小,通过大力推广保险系统、防护系统和信号系统及高度自动化和遥控装置,消除物的不安全状态,这样,即使人为失误,也会因安全闭锁等可靠性高的安全系统的作用,控制住物的不安全状态,从而避免伤亡事故的发生。

该理论的贡献在于,更正了事故因果连锁理论中过分强调人的不安全行为的片面性,首次提出了本质安全的概念。在安全工程中,我们把机械设备、物理环境等生产条件的安全称做本质安全。在所有的安全措施中,首先应该考虑的就是实现生产过程、生产条件的本质安全。实践证明,消除生产作业中物的不安全状态,可以大幅度地减少伤亡事故的发生。例如,石油钻井生产在使用自动猫头以前,每年都有大量猫头伤人事故发生,为此管理部门也制订了各种猫头操作规程和禁令,颁布了钻台工作守则,但收效甚微。后来,新型钻机出厂,自动猫头或液压式猫头被大量普及使用,结果,猫头伤人事故几乎被杜绝了。当前集团公司实行的提取安全专项资金实施隐患治理,正是为逐步实现本质安全而努力。

但值得注意的是,受实际的技术、经济等客观条件的限制,完全地根绝生产过程中的危害因素几乎是不可能的,我们只能努力减少、控制不安全因素,使事故不容易发生。即使在采取了工程技术措施,减少、控制了不安全因素的情况下,仍然要通过教育、训练和规章制度来规范人的行为,避免不安全行为的发生。许多情况下人的因素与物的因素又互为因果。例如,有时物的不安全状态诱发了人的不安全行为,而人的不安全行为又促进了物的不安全状态的发展,或导致新的不安全状态出现。因而,实际的事故并非简单地按照上述的人、物两条轨迹进行,而是呈现非常复杂的因果关系。为了有效地防止事故发生,必须同时采取措施消除人的不安全行为和物的不安全状态。

二、事故案例分析

风动马达接口断裂,气管线砸伤钻工头部

(一)事故经过

2006年8月19日16时,某钻井队二班接班后继续实施钻井施工任务,至20时左右,钻至井深3810米时,447号单根打完开始接第448号单根,该班司钻(持有效司钻操作证)操作刹把,井架工和外钳工在井口操作,在接完小鼠洞单根后,上提游车接井口钻具,风动马达上扣后外钳工用液压大

钳紧扣,当上提钻具准备摘井口吊卡时,风动马达气管线接头刮在二层台操作台下的横面上,将气管线接头与风动马达接口的双公扣短节拉断,气管线连同接头一起下落将站在钻台大门坡道前的内钳工头部砸伤。

(二)事故原因

1. 风动马达设计不合理,进气管线接口正对大门坡道方向且起升后距二层台端面只有 10 厘米左右,该钻井队使用的水龙头与风动马达是一体的,风动马达安装在水龙头正对二层台一面靠左侧的位置上,而该队所使用的 40 自升式井架的二层台底端面与风动马达继气器接口的间距仅 19 厘米,再加上风动马达的气管线弯头突出的 9 厘米,致使二者间距仅为 10 厘米,在起车过程中由于水龙头晃动使风动马达和二层台猴台发生了挂碰,如图所示。

2. 风动马达气管线双公接头为铸铁材质,且壁厚不均,抗挤压力差,剐碰后发生了断裂。

3. 该队在更换水龙头后,没有分析更换后的水龙头风动马达位置改变带来的新的风险,对新设备的使用风险评估不足,没有意识到风动马达与二层台间距变小易发生剐碰,也没有采取相应的对策。

4. 该班司钻提升游车操作不平稳,游车晃动幅度较大,致使风动马达气管线与二层台发生剐碰,且作为当班司钻,没有带领井架工认真按照巡回检查路线进行检查,未及时发现风动马达气管线未装保险绳。

(三)点评

按照轨迹交叉理论要求,要避免该事故发生,一是消除生产作业中物的不安全状态,认真开展隐患排查活动,重点以发现设备中存在的安全缺陷为主,尤其是在设备发生变更的时候,切实做到全面的隐患识别,全方位地控制隐患,提高设备设施的本质程度。二是消除生产作业中人的不安全行为,加强安全知识的教育,通过进一步提高广大干部员工的安全责任心及相关安全知识的教育提高员工的素质,做好新上岗人员的岗位培训工作;切实加强岗位责任制的落实,尤其是交接班制、干部值班制,值班干部在交接班时除安排正常的生产任务外,检查班组的交接班效果,并在生产过程中予以监督,班组在交接班时要认真按照 HSE 指导卡的提示,逐项逐点进行认真检查,发现问题及时整改,不留隐患。

第三节 能量意外释放理论

一、能量意外释放理论

1966 年,美国运输部安全局局长哈登(Haddon)进一步完善了能量意外释放理论,该理论认为:人受伤害的原因只能是某种能量的转移。并提出了能量逆流于人体造成伤害的分类方法,将伤害分为两类(见表3-1):第一类伤害是由于施加了局部或全身性损伤阈值的能量引起的;第二类伤害是由影响了局部或全身性能量交换引起的,主要指中毒窒息和冻伤。

表3-1 能量类型、干扰能量交换与伤害

类型		产生的伤害	事故类型
第一类伤害:能量类型	机械能	刺伤、割伤、撕裂、挤压皮肤和肌肉、骨折、内部器官损伤	物体打击、车辆伤害、机械伤害、起重伤害、高处坠落、坍塌、冒顶片帮、放炮、火药爆炸、瓦斯爆炸、锅炉爆炸、压力容器爆炸
	热能	皮肤发炎、烧伤、烧焦、焚化、伤及全身	灼烫、火灾
	电能	干扰神经-肌肉功能、电伤	触电
	电离辐射	细胞成分被破坏	放射性辐射、核反应事故
	化学能	化学性皮炎、化学性烧伤、致癌、致遗传突变、致畸胎、急性中毒、窒息	中毒和窒息、火灾
第二类伤害	影响能量交换:氧的利用	局部或全身生理损害	中毒和窒息
	其他	局部或全身生理损害	冻伤、冻死、热痉挛、热衰竭、热昏迷

第三章
事故致因理论

该理论阐明了伤害事故发生的物理本质,指明了防止伤害事故就是防止人体接触意外释放的能量。我们把约束限制能量,防止人体与能量接触的措施称为屏蔽。防止能量意外释放的屏蔽措施主要有12种。

1. 用安全的能源代替不安全的能源。如:在容易发生触电的作业场所,用压缩空气动力代替电力,可以防止发生触电事故。

2. 限制能量。如:利用低电压设备防止电击,限制设备运转速度以防止机械伤害,限制露天爆破装药量以防止个别飞石伤人等。

3. 防止能量蓄积。如:应用低高度位能、控制爆炸性气体浓度,通过接地消除静电蓄积。利用避雷针放电保护重要设施等。

4. 控制能量释放。如:建立水闸墙防止高势能地下水突然涌出。

5. 延缓释放能量。如:采用安全阀,逸出阀控制高压气体。

6. 开辟释放能量的渠道。如:安全接地可以防止触电。

7. 设置屏蔽设施。如:安装在机械转动部分外面的防护罩、安全围栏等。人员佩戴的个体防护用品,可被看做是设置在人员身上的屏蔽设施。

8. 在人、物与能源之间设置屏障，在时间或空间上把能量与人隔离。

9. 提高防护标准。如：采用双重绝缘工具防止高压电能触电事故。

10. 改变工艺流程。如：改变不安全流程为安全流程，用无毒、少毒物质代替剧毒有害物质等。

11. 修复或急救。如：治疗、矫正以减轻伤害程度或恢复原有功能；搞好紧急救护，进行自救教育；限制灾害范围，防止事态扩大等。

12. 信息形式的屏蔽。如：设置警告牌、警戒线。

该理论提出：通过伤害事故发生的物理本质，引出了危险源的概念，并将危险源分为了两类。第一类危险源是指能够直接引起人员伤害、财产损失或环境破坏的根本原因，是能量或能量的载体或危险物质的存在，是发生事故的物理本质。第二类危险源是指可能导致能量或危险物质约束条件或限制措施的破坏或失效的因素，而第二类危险源决定着第一类危险源发生事故的可能性。通过将危险源分类，制定针对第一类危险源，即物的不安全状态的风险消减措施，和第二类危险源，即人的不安全行为的风险控制措施，达到预防和控制事故发生的目的。在该理论的指导下，企业建立起了早期的风险管理模式，即通过全面的危险源辨识，找出那些具有一定破坏能量的物质本身，确定出第一类危险源特性，并针对该特性，进一步识别对其进行控制需要的屏蔽条件，即：风险消减措施和风险控制措施，通过制定、实施风险消减措施和风险控制措施，达到对危险源的有效控制，进而防止事故发生。

第三章 事故致因理论

二、事故案例分析

能量以外释放，盐酸储槽爆炸伤人

（一）事故经过

2004年11月4日，某化工公司氯碱系统停产进行年度大检修。上午8时，聚氯乙烯车间氯化氢工段甲和乙两人负责拆换6#盐酸储槽（该工段有6只并列安装的盐酸储槽，编号为1#、2#、3#、4#、5#、6#）底部的盐酸出口衬胶隔膜（Dg80）。在检修拆卸过程中，因4颗直径为14mm连接螺栓锈蚀严重，用人力扳手难以拆卸，甲、乙二人先用锯条切螺栓。估计锯切作业遇到困难，9时许，乙到盐酸工段控制室二楼工具箱内取出"手提角向砂轮"，对法兰连接螺栓进行切割作业。约9时15分，一声巨响，6#盐酸储槽发生爆炸，并波及左侧5#、4#、3#三只盐酸储槽发生粉碎性爆裂，甲、乙两人当场被炸身亡，储槽的爆炸碎片飞散四周，在15米外11米高的碱洗、水洗塔厂房顶部作业的修配工丙被爆炸飞片击落安全帽，击伤头部，造成皮外伤。此次事故共造成二人死亡，一人轻伤，四只40立方米的盐酸塑料储槽粉碎性炸裂。

(二)事故原因

1. 经调查组查证,这次盐酸储槽的爆炸,其性质为违章作业而引起的化学爆炸,其爆炸性气体为氢气。合成盐酸是以氯气与氢气在合成炉中燃烧合成氯化氢,再经冷却塔吸收而得。根据工艺要求,氯气与氢气合成比为$(1.05 \sim 1.1):1$,其未反应完全的过量氢气随盐酸溶解,夹带流入储槽,而积于储槽内。

2. 爆炸火源为工人使用"手提角向砂轮"切割螺栓时所产生的磨割火花束。

因作业场所系属乙级防火防爆区域,该电化公司 DHB/C0740—93 规范标准《动火作业管理规定》,明确规定该区域为一级动火作业区,严禁在区内从事金属切割、磨削等一切产生火花的工作。属于严重违章动火,这是事故的直接原因。

3. 事故的间接原因是贯彻规章制度的细度和力度不够,安全教育深度不够。个别职工的自我保护意识、安全意识不强。用"手提角向砂轮"磨削螺栓,证实氯化氢工段个别职工在禁火区内对使用"手提角向砂轮"的危害性、严重性认识不足,同时也暴露该工段在检修期间,对工具管理不严,安全工作没有落到实处。

(三)点评

针对该事故,为防止能量意外释放的屏蔽措施如下:

1. 改进工艺设备和技术,提高氯气与氢气的产成品盐酸,减少和降低未反应的氯气与氢气混合气体的排放。

2. 对未反应完全的过量氢气增加一套回收装置,杜绝氢气流入储槽,而积于储槽内。

3. 重视对检修作业专用工具的配备,避免简化工序,造成事故隐患。

4. 对员工进行安全意识培训,全面提高员工"要安全,会安全"的意识。加强培训教育促进全体员工提高和掌握本岗位和相关岗位中易燃易爆化学物质的严重性、危害性的认识,以进一步提高全员安全意识。

5. 加强培训教育提高员工素质。对技术员、维修人员进行技能和工作责任心培训,提高检查和维修工作质量,确保检查维修工作一次到位,减少事故隐患。

6. 进一步加大对现场管理人员、监督人员和岗位操作人员识险、避险能力的培训力度。对员工进行应急预案、紧急救护及事故现场保护意识培训和演练,提高员工对突发事故应急处理的能力。

7. 对所有安全管理、监督人员和基层单位领导、班组长、关键岗位人员等要进行脱产培训,培训时间不少于一周,进一步提高全员的安全素质。

8. 进一步加强安全基础管理工作,完善运行检修作业单位关键岗位人员的岗位职责,配备相应的法规、制度、标准,增强贯彻安全规章制度和安全规范的细度、力度。

9. 认真贯彻《动火作业管理规定》等各项规章制度,把安全工作真正落到实处。盐酸储槽及周围动火,必须办理动火证,采取安全措施后,方可开始作业,以保证检修作业的安全。

10. 对禁火区内备有易产生明火的生产工具,如"手提角向砂轮"、喷灯、电炉、电焊机、砂轮切割机、接头机、压头机、手电钻、加热器、落地风扇等要进行编号标志,建立和完善保管领用制度,并严格管理,杜绝类似事故再次发生。

第四节 现代因果连锁理论

一、现代因果连锁理论

第二次世界大战后,人们逐渐认识到管理因素作为背后原因在事故致因中的重要作用。人的不安全行为或物的不安全状态是工业事故的直接原因,必须加以追究。但是,它们只不过是事故背后的深层原因的征兆和管理缺陷的反映,只有找出深层的、背后的原因,改进企业管理,才能有效地防止事故。博德(Frank Bird)在海因里希事故因果连锁理论的基础上,提出了现代事故因果连锁理论。

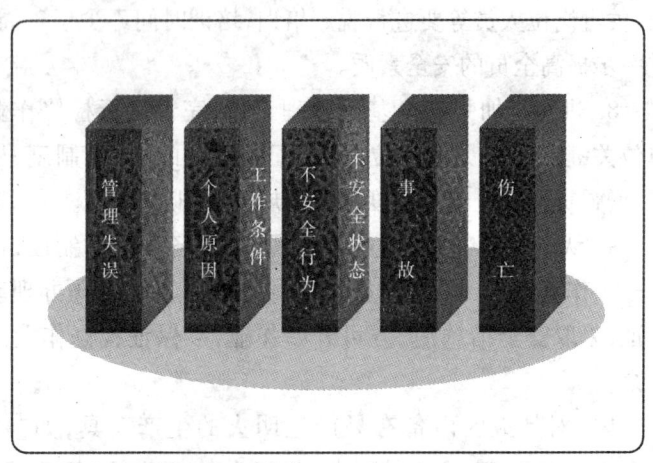

现代因果连锁理论认为:

1. 管理缺陷造成了人的不安全行为和物的不安全状

态,是事故的根本原因。尽管遗传因素和人员成长的社会环境对人员的行为有一定的影响,却不是影响人员行为的主要因素。在企业中,如果管理者能够充分发挥管理机能中的控制机能,则可以有效地控制人的不安全行为、物的不安全状态。

2. 管理缺陷反映企业管理系统中的问题,涉及管理体制,包括:目标的确定,为实现目标的策划等各方面的问题,企业决策者的信念、目标及规范,决定着各级管理人员安排工作的轻重缓急、工作基准及指导方针等重大问题。

3. 完全依靠工程技术的改进来预防事故既不经济,也不现实。只有通过持续改进企业管理水平,经过较长时间的努力,才能预防事故的发生。企业安全管理人员的管理活动中,必须包括针对事故因果连锁中所有要因的控制对策。

4. 不安全行为和不安全状态是事故的直接原因,这一直是最重要的,必须加以追究的原因,但其不过是基本原因的征兆,是一种表面现象。为了从根本上预防事故,必须查明事故的基本原因,并针对查明的基本原因采取对策。

5. 通过改进装置、材料及设施,防止能量释放,通过训练、提高工人识别危险的能力,佩戴个人防护用品等来防止接触能量。

6. 采取恰当的措施使事故造成的损失最大限度地减少。如对受伤人员迅速抢救,对设备进行抢修以及平时对人员进行应急训练等。

现代因果连锁理论的贡献在于:将安全管理融入了企业

的基础管理之中,以更加科学的观点来对待物的不安全状态和人的不安全行为在事故致因方面的作用,首次明确了运用管理手段来预防事故发生,初步形成了较为系统的风险管理模式。但现代因果连锁理论把考察的范围局限在企业内部。实际上,工业伤害事故发生的原因是很复杂的,一个国家和地区的政治、经济、文化、科技发展水平等诸多社会因素,对伤害事故的发生和预防有着重要的影响。当然,作为基础的原因因素的解决,已经超出了企业安全工作,甚至安全学科的研究范围。但是,充分认识这些原因因素,综合利用可能的科学技术、管理手段,改善间接原因因素,达到预防伤害事故的目的,却是非常重要的。

二、事故案例分析

钻井设备拆甩不当,交叉作业落物伤人

(一)事故经过

2005年1月18日,某钻井队在执行设备拆甩任务过程中,一班司钻、二班司钻在井架上拆卸立管,同时钻台大班与一班副司钻、三班井架工在钻台拆卸转盘固定销子。吊车吊在"S"立管短节上部立管上,当一班司钻卸开"S"立管短节下由壬后,让二班司钻卸开了上由壬,使"S"立管短节处于自由失控状态,拆开两端由壬后,吊车上提井架内立管,未吊动,二班司钻便去卸固定立管的卡子,卸松后的立管突然松动,随即与"S"管连接处完全脱开,"S"短节掉向钻台,砸中在钻台干活的三班井架工,送医院抢救无效死亡。

第三章
事故致因理论

(二) 事故原因

按现代因果连锁理论分析事故的原因。

1. 管理缺陷：劳动纪律松懈，现场管理混乱。该队在拆甩前召开安全会时，没有对干部和生产班组的工作内容进行详细分工，由于分工不明、责任不清，致使拆甩现场失去指挥、局面混乱，在本不具备吊装作业条件、动员不到位的情况下就开始施工，以致埋下事故隐患。

2. 井队安全监督未尽职责，对吊装作业监督不利。安全监督未到达关键岗位，对现场的违章吊装作业、交叉作业未及时发现和制止。

3. 不安全状态：该队为加快拆甩速度，打乱了正常工作秩序，形成违章交叉作业。二班司钻无防护措施卸固定立管的卡子，造成"S"短节掉向钻台，砸中在钻台干活的井架工。

4. 不安全行为：员工风险识别能力低，安全意识差，对习惯性违章见怪不怪。井架拆立管的人明知下面有人，继续干自己的，上面叮叮当当地砸，下面漠然听之任之，无起码的互相保护措施和保护意识。在拆卸"S"管的过程中本应小心操作，按序拆卸，但操作人员随意改变操作工序，致使发生事故。

(三)点评

针对事故原因,责任单位因认真吸取教训,按现代因果连锁理论把握事故发生的原因,加强劳动纪律考核,强化岗位责任制的落实,尤其是关键岗位、重点岗位人员的职责落实;规范现场管理,尤其要加强对吊装作业、交叉作业、联合作业等危险作业项目的现场安全监督管理。加强员工培训,提高员工风险识别能力、操作技能和安全意识,杜绝违章操作。

第五节 系统安全理论

一、系统安全理论

20世纪50—60年代,美国在研制洲际导弹的头一年半就发生了4次爆炸事故。此前,美国空军发生过大量的飞行事故,军官们一直都把原因归咎于飞行员的操作失误。但是,导弹上没有飞行员,责任无法推托。很明显,事故原因应归咎于导弹投入试验、发射构思、设计、制造及维护等方面的问题。为了确保导弹安全,美国人开始了系统安全理论的研究,系统安全理论应运而生。

系统安全是在系统寿命周期内应用系统安全管理及系统安全工程原理,识别危险源并使其风险减少到合理实际并尽可能低的程度,从而使系统在规定的性能、时间和成本范围内达到最佳的安全程度。系统安全工程认为:

1. 应考虑如何通过改善物的系统可靠性来提高复杂系统的安全性,而不是只注重操作人员的不安全行为。

2. 任何事物中都潜伏着危害因素,通常所说的安全或

第三章
事故致因理论

危险只不过是一种主观的判断。

3. 不可能根除一切危险源和危害,但可以减少来自现有危险源的危险性,宁可减少总的危险性而不是只彻底去消除几种选定的危险。

4. 安全工作的目标就是控制危险源,努力把事故发生概率减到最低,即使万一发生事故时,把伤害和损失控制在较轻的程度上。由于受技术、资金、劳动力等因素的限制,人的认识能力有限,有时不能完全认识危险源和危险,即使认识了现有的危险源,随着生产技术的发展,新技术、新工艺、新材料和新能源的出现,又会产生新的危险源。所以在不能全部根除危险源时,只能把危险降低到可接受的程度,即可接受的危险。

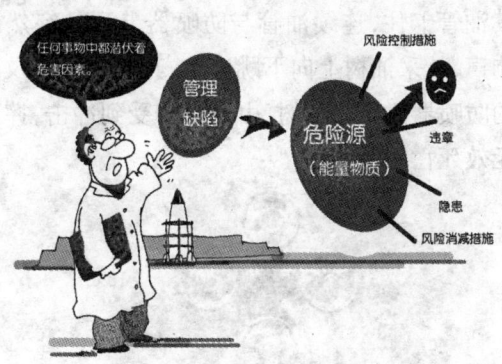

系统安全理论的贡献在于:发展了能量意外释放理论,把变化的观点引入安全管理中,将"人的不安全行为"的概念拓宽为"人失误"的概念,即:将管理人员失误纳入"人的不安全行为"之中。美国三里岛核电站、印度博帕尔农药厂和苏联切尔诺贝利核电站事故,管理失误都是罪魁祸首。在该理论的指导下,以风险管理为核心,包括危害因素识别、建立风险评价准则、风险评价、确定主要危害因素、制定并实施风险消减和控制措施、应急管理等管理环节在内的体系管理模式被建立起来。例如：集团公司在1997年开始推广、建立的HSE管理体系，它体现了系统安全理论在健康、安全与环境管理中的成功运用，HSE管理体系的形成和发展是石油勘探开发（E&P）多年安全管理工作经验积累的成果。

二、事故案例分析

起油管作业失控，物体打击人员身亡

（一）事故经过

2006年6月7日，某井下作业分公司助排队，在某井场起油管作业中，现场两名操作人员踩到采油树上，准备打卡子把连续油管卡住，连续油管与防喷器卡瓦处突然滑脱，两人听到响声，从采油树上向下跳逃生，其中一人未及时逃离，被脱落的防喷器碰下采油树，由于身体受到冲击，摔到地面，经抢救无效死亡。

(二)事故原因

1. 直接原因：连续油管从"四合一防喷器"卡瓦中滑脱，致使悬挂"四合一防喷器"突然上跳，从钢丝绳套脱出砸到现场一名操作人员，造成其坠落死亡。

2. 间接原因：一是连续油管在卡瓦的压力下变形破裂。该套连续油管3月份曾在H_2S含量为141微克每克的井上施工近30小时，造成油管氢脆，再加上该井的稠油在连续油管上提的过程中卡瓦的抗拉强度减弱，使连续油管从卡瓦中脱落；二是绳套未锁紧，悬挂"四合一防喷器"的绳套未采取任何锁紧和其他防护措施，导致"四合一防喷器"从绳套滑出而坠落；三是无操作台，井口工作面积小，意外情况的发生时施工人员无法避让、躲闪。

3. 管理原因：一是风险识别不全面，尽管该井下作业分公司执行每班每道工序进行风险识别告知制度，但为防止井喷而剪断连续油管工艺还是首次，对该工艺认识程度不够，未识别出作业过程中连续油管断裂的风险；二是培训教育不到位，员工对新工艺的相关知识掌握不够，对提捞连续油管所产生的意外情况，没有引起足够的警觉；三是现场工作缺乏检查、指导，"四合一防喷器"被提到指定高度后未进行一段时间的停留、观察就实施下步工序，施工现场的领导、干部欠缺指导性工作；四是设备管理存在漏洞，该进口设备没有操作台，设备、设施本身就存在不合理的现象，但没有得到进一步改进。

(三)点评

依据系统安全理论，事故单位应加大执行HSE管理体系建设和运行，有效实施HSE"两书一表"。在每个项目开工前,对可能存在的危险源及作业风险进行全面的识别和评估,根据识别出的危害制定有针对性的 HSE 作业计划书和切实可行的现场检查表,并向作业人员安全交底。使员工熟悉掌握并在施工作业中严格实施,通过检查、检查、再检查的方法,保证施工安全。从系统安全要求重点做好:

1. 认真抓好员工安全教育培训。重点抓好特殊任务、关键岗位和实施新技术、新工艺、新工序时的培训,提高员工的危害识别能力和关键作业的应急处置能力,做到人人熟悉本岗位、本工种、本生产区域范围内的危害因素,在紧急情况下能够识险、避险、排险和防范,有效防止各类事故的发生。

2. 强化现场安全监督管理和领导负责观念。各单位领导、安全监督人员必须按照"管生产必须管安全"、"管工作必须管安全"、"谁主管,谁负责"的原则,落实安全生产责任制。尤其是带队领导,不能仅仅只是把"安全"挂在口头,要在严格生产操作全过程的控制和监督方面下工夫,不能有半点的麻痹大意。

3. 对所有在用施工设备进行检查、检验、维修、保养,为井口无操作台的施工队伍配备简易操作台,在确保达到安全条件下方可进行井口作业。

4. 在吊装设备时,要把钢丝绳套锁紧、固定牢靠。特别是在井口用游动系统或绞车等设备起吊时,操作人员应在绳索承载负荷后,迅速撤至安全地带方可起吊。同时,在起吊的过程中,人员严禁进入起吊区域。

第四章

典型工业生产安全事故分析

工业生产安全事故是指工厂、矿山、林场、建筑企业或者其他企业、事业单位的劳动安全设施不符合国家的规定,对事故隐患不采取措施,因而发生人员伤亡或者其他严重后果的事件。

按照 GB6441《企业职工伤亡事故分类》的规定,我们国家将工业生产安全事故划分为 20 类,主要包括:机械伤害、高处坠落、起重伤害、车辆伤害、触电、淹溺、灼烫、火灾、物体打击、坍塌、冒顶片帮、透水、放炮、瓦斯爆炸、火药爆炸、锅炉爆炸、容器爆炸、其他爆炸、中毒和窒息和其他伤害(其他伤害指凡不属于前面各项的伤亡事故均列为其他伤害,如扭伤、跌伤、冻伤、动物咬伤、钉子扎伤脚等)。按照事故分类,我们对石油石化行业有关的工业生产安全事故案例进行了归类和分析,以便为读者带来启发。

第一节　机械伤害事故

机械伤害是指机械设备与工具引起的绞、辗、碰、割、戳、切等伤害。如工件或刀具飞出伤人，切屑伤人，手或身体被卷入，手或其他部位被刀具碰伤，被转动的机构缠压住等。但属于车辆、起重设备、锅炉和压力容器等情况除外。

案例一：冒险探伤检测，被管挤压身亡

一、事故经过

2007年1月5日零点上班后，某钢管厂工人甲和乙对两根有焊缝质量问题的钢管进行补焊。钢管修补完毕后，通过运行辊道送到与补焊辊台相连的探伤运管小车上，进入X射线室探伤检测。探伤结束，钢管从探伤室运出。工人甲通过工作台走到补焊辊台与探伤运管小车的连接处，在小车尚未停止的状态下，蹲下身体去摘钢管端头外侧小车中心点处的相纸计，被夹挤在补焊辊台上的钢管与探伤室出来的钢管之间，头部和下肢严重受伤，抢救无效死亡。

第四章
典型工业生产安全事故分析

二、事故原因

（一）直接原因

1. 工人甲违反操作规定，无视"有转动钢管时禁止作业"的安全提示，在小车尚未停止的状态下，蹲下身体去摘钢管端头外侧小车中心点处的相纸计。

2. 吊装到补焊作业台上的钢管未放正，运管车未在限位开关位置时上管，使运管车上的补焊钢管也没有放正，致使钢管探伤完毕再由运管车推出探伤室时运管车到达限位，钢管超出作业坑距离。

（二）间接原因

1. 辊台与探伤车之间没有钢管放置限位标记。
2. 安全教育没有落到实处，员工自我防护意识差。

（三）管理原因

1. 对作业现场的风险识别不全面，没有采取相应的安全防范设施。
2. 对作业现场安全要求不够细致，操作规程不完善。
3. 规章制度执行力度不够，警示标志流于形式，没有起到警示作用。

三、点评

这起事故是在未设置专门的安全保护装置情况下，作业人员违章操作造成的。应对这类场所可能引发恶性事故的作业环节定期开展工作前安全分析；要建立和完善作业规程，作业中要严格执行作业流程；要长期开展隐患的识别和治理工作；要加强安全保护设备安装、维护与保养，使关键部位的保险装置、设施时刻处于完好状态;要按照本质化安全的思路,增设光电报警系统,并在生产线危险部位设置醒目的"禁止通行"标志。该事故中应警示我们:"不补细小的漏洞,难堵事故的洪流"。

案例二:违规卸油管被缠,场地工随滚筒旋转致死

一、事故经过

2007年1月11日8时许,某试油测试公司试油队某班长带领本班人员上井起压裂管柱。当把第一根管柱提出井口后,用液压钳卸扣未卸开,改用36号管钳仍未卸开,场地工便用猫头绳卸扣。在往猫头轮上缠绕棕绳的过程中,棕绳起摆,该场地工用手欲将其分开,导致手被绞在棕绳里,由于猫头轮随滚筒转动,瞬间将其甩起,人随滚筒旋转了360°,司钻见状立即摘挡刹车,场地工因被甩起后磕到通井机履带板上造成重伤,经抢救无效死亡。

二、事故原因

(一)直接原因

该场地工使用猫头绳卸螺纹油管,违反了《常规修井作业规程第5部分:井下作业井筒准备》(SY/T 5587.5—2004)第5.4条"不应用猫头绳卸螺纹油管"的规定,造成手随棕绳缠到猫头上,随滚筒旋转致死。

(二)间接原因

1. 设施设备的安全保护装置不够齐全。

2. 作业现场在发生违章作业时,其他人员没有立即进行制止,现场监督不到位。

3. 对作业现场人员的培训工作不到位。

(三)管理原因

1. 对岗位操作人员的安全监护不到位。不能有效制止违章作业,尤其是班长不但没有及时制止场地工的违章行为,反而配合作业,造成事故发生。

2. 安全生产工作管理不严。队长对本队的安全生产工作管理不严,对员工安全教育不够,岗位员工自我保护意识差,冒险蛮干。在起管施工中,在用液压钳和管钳卸不动扣的情况下,队干部没有组织人员认真研究切实可行的施工方案,也没有向相关部门报告。

3. 安全生产规章制度执行不到位,"三违"现象和习惯性违章没有杜绝。公司早在1999年就明令禁止使用猫头绳作业。2004年又根据《常规修井作业规程第5部分:井下作业井筒准备》(SY/T 5587.5—2004)的规定进行了重申,但岗位工人无视有关规定,有章不循,造成事故发生。

三、点评

这起事故是作业人员违章操作造成的亡人事故,反映出事故单位存在图省事、走捷径的行为,存在习惯性违章。因此作业现场要加强各级领导的责任意识,发挥监管作用。要提高作业人员的自我保护意识,严格执行行业标准、规章制度和操作规程。另外,加强井场安全装置的设置。从事故中应警示我们:"安全第一贵在坚持,安全管理贵在到位,安全责任贵在落实,安全监督贵在严格"。

案例三:冒险清毛作业,绞入打包机内死亡

一、事故经过

2007年12月28日零时左右,某公司腈纶厂成品车间打包工甲与另外两名打包工乙和丙接班后拟进行打包作业。在启动打包机过程中,排料门夹毛,机器显示故障报警,班长赶到现场指挥处理。故障排除后,进行预压操作,预压头在下降过程中夹毛卡死,打包机再次停机。

班长关闭仪表风总阀,打开放空阀,并联系保全人员来现场。保全工推着手动电瓶车到达现场并将监视窗打开,班长与打包工甲二人交替站在升高为1.7~2.0米高的手动电瓶车上进行清理夹毛作业,由另一名打包工负责监护操作盘。预压头夹毛和上部积存的短纤基本清除后,班长打开仪表风总阀,关闭放空阀。

4时左右,甲某站在监视窗前方的手动电瓶车上进行观

察,班长在操作盘上试机操作,但未能升起预压头。班长告诉甲某不要动,他去打包机二层关闭风线阀门。就在他转身上楼时,突然听到甲某的喊声,发现甲某已被预压头带入预压行程通道内。班长马上返回操作盘前,按下"预压启动"按钮,使预压头下降,在闻声赶来的班组其他成员的帮助下,将甲某从监视窗中救出送到医院,经抢救无效死亡。

二、事故原因

(一)直接原因

打包工甲未按照腈纶厂打包机操作规程中规定的清理夹毛作业程序进行作业,在未确认停机的状态下,不顾班长示警,冒险将身体探入监视窗内进行清毛作业,被突然动作的预压头带入打包机内造成胸腹部复合损伤,抢救无效死亡。

(二)间接原因

岗位员工安全意识淡薄,存在严重的侥幸心理;走捷径、图省事,缺少起码的自我保护意识。

(三)管理原因

1. 安全意识教育、事故案例教育以及操作规程培训都存在欠缺;基层现场"三违"行为时有发生,"无知者无畏"现象仍然存在。

2. 对员工的日常培训教育不到位,对操作规程的培训不足。

3. 故障设备维修过程中的锁定没有建立和执行,设备设施的维护保养不到位,存在隐患。成品车间对设备管理存在漏洞,在打包机出现夹毛故障、生产状态发生变化的情况下,操作人员自行处理,没有报告车间值班干部。

三、点评

这起事故说明责任单位应全面强化技术培训工作,提高岗位员工的安全防护意识,使全体员工真正从"要我安全"向"我要安全"和"我会安全"转变。加强操作规程执行过程中的检查与监管,开展包装线的全面检查,重点排查包装线、转动设备正常运行状态、异常问题处理状态以及检维修状态的过程控制管理、监督、相关规章制度、操作规程的执行情况以及硬件设施完好状况,及时消除包装、输送生产线等区域存在的隐患和管理盲区。该起事故应告知我们:"事事讲安全,你我就安全,人人都安全,企业才安全"。

第二节 高处坠落事故

高处坠落事故是指由于危险重力势能(高差 2m 以上)引起的伤害事故。适用于在脚手架、平台、陡壁等高于地面的施工作业场合;同时也适用因地面作业踏空失足坠入洞、坑、沟、升降口、漏斗等情况。但不包括以其他事故类别作为诱发条件的坠落事故,如触电坠落事故。

第四章
典型工业生产安全事故分析

案例一：忽视安全保护，登高作业坠亡

一、事故经过

2007年3月8日,某机械公司派遣销售公司服务科甲为负责人,带领钻机试验工乙、丙为某钻井队进行钻机现场售后服务工作。

3月19日,负责钻机售后安装指导工作的乙、丙搭伴作业。乙未系安全带,戴安全帽但未锁定,未穿劳保鞋(穿旅游鞋),钻机处于卧装状态。17时45分左右,两人在配装二层台风动绞车的1寸主气路管线时,乙不慎失足从井架二层台位置处(距地面约4.7米)坠落,经医院抢救无效死亡。

二、事故原因

（一）直接原因

1. 钻机试验工乙安全意识淡薄,登高作业时未系安全带,安全帽系带未锁定,未穿劳保鞋。

2. 钻机试验工乙在实施作业时,未与钻井队取得联系,擅自登上井架,违反公司《现场服务人员要求》、《钻机试验工安全技术操作规程》和《钻机试验工 HSE 作业指导书》的规定。

3. 高处作业时未设专人监护并携带物品行走。

(二)间接原因

1. 机械公司甲作为售后负责人与井队的协调沟通不够,没有及时与井队就安全服务操作制定相应方案,采取相应的措施。

2. 机械公司产能建设不断扩大,生产任务繁重,虽然在安全管理方面做了一些的工作,但在管理上还存在薄弱环节和麻痹大意思想。对劳务派遣、短期用工人员的安全教育培训不够。

(三)管理原因

钻井队现场安全管理不到位,没有落实属地管理责任,在承包方高处作业时无现场监护和协调人员。

三、点评

这是一起承包方人员无作业许可、未使用专用安全护具发生的高处坠落事故。该事故提示我们施工作业现场:应加强对外来人员的教育、培训和控制,未经许可不得进入;要严格执行登高作业许可的有关制度;高处作业的安全保护装置需要增强;要不断完善高空作业的专用设施设备,(如采购安全缓冲垫,在井架安装时,放置在井架下部,以起到安全保护作用或在钻机组装试验时,配置高处作业载人升降式叉车。同时,完善现场安全标志)。该起事故启示我们应"四懂三

第四章
典型工业生产安全事故分析

会",即:施工现场操作人员或维修人员要懂原理、懂性能、懂构造、懂用途;会操作、会维修、会保养、会排除故障。

案例二:盲目剪断电力线,电杆失衡坠落死亡

一、事故经过

2007年4月28日7时30分,某机电维修总厂维修项目部主任带领作业人员,进行放电缆、拆除架空电力线和新电缆连接作业。电工甲负责拆除架空电力线,另外二人配合;电工乙负责配电柜内接线。9时50分,电工乙安装完配电箱内线路后,主动登上电杆作业,他首先拆卸电杆上的电缆引下线固定卡箍螺丝,因卡箍螺丝锈蚀,他让作业人员丙到厂里拿梅花扳手。当作业人员丙回来时,电工乙已经剪断了电杆南面的三根架空电力线,在剪断最后一根电力线后,电杆向北倒下,其随电杆一起倒地摔伤,经抢救无效死亡。

· 119 ·

二、事故原因

（一）直接原因

1. 违章登杆。电工乙登杆前没有对电杆基础的安全可靠性进行检查，盲目登杆，违反了国家《电力安全工作规程》（电力线路部分）6.2.3"上杆作业前，应先检查根部、基础和拉线是否牢固。遇有冲刷、起土等，应先培土加固，再登杆"的规定。

2. 盲目剪线。电工乙未经请示，在没有安全措施的情况下，剪断架空电力线，违反了国家《电力安全工作规程》（电力线路部分）6.6.5"紧线、撤线前，应检查拉线、桩锚和杆塔"及6.6.6"严禁采用突然剪断导、地线的做法松线"的规定。

3. 杆基不牢。拆除电杆上的电缆引下线前，在电杆根部进行了开挖，造成杆基不牢，使电杆在失去架空电线的牵引后，向一侧倾倒。

（二）间接原因

1. 不按分工进行作业。按照分工，电工乙不负责拆线，由于擅自、盲目进行此项作业，造成风险识别不足，没有采取安全监护和其他保证措施。

2. 电杆埋深不够。该电杆为12米的拔梢杆，根据《10kV以下配电线路施工》规定，埋深应为1.9米，实际埋深只有1.1米。

（三）管理原因

1. 对临时作业和检维修项目管理不严不细，安全管理制度不规范、不严格。

2. 维修作业单位未认真执行HSE管理制度。对作业风险识别和评估不足,没有制定书面施工安全方案,没有编制 HSE 作业计划书。因此,有针对性的安全教育和方案交底不够细致。

3. 作业人员职责不清,在作业过程中,安全监督回公司取防护绳,没有尽到责任,违章作业没有得到及时制止。

三、点评

这是一起违章操作、职责不清、监护不到位引发的事故。领导干部工作作风必须严谨,布置安排工作必须细致具体。必须严格执行安全生产规章制度和操作规程。对维修作业项目,无论大小,都要规范管理,严密组织,分工明确,责任落实。必须认真编制、严格执行 HSE "两书一表",把安全措施落实到每个细节。对施工作业现场的安全监督和监护必须到位。该起事故应警示我们:"违反规程,祸不单行。措施到位,安而无危"。

案例三:违章拆除避雷线,铁塔失衡坠落死亡

一、事故经过

某公司供电车间根据 35kV 出线改造作业计划书,拆除某线路 3#铁塔至 5#门形水泥杆架导线及避雷线,将 5#门形杆架与新架设的电厂出线门形杆架导线及避雷线进行连接。

2008 年 7 月 11 日,供电车间外线班先在 5#门型水泥杆架新安装了 2 条拉线,后拆除并断开了 4#水泥杆 3 根导线,同时解开 4#水泥杆避雷线。当时,该线路 4#水泥杆的 3 根导线(LGJ-120)已被断开落地;3#铁塔与 2#铁塔之间的 3 根导

线和避雷线均处于连接状态。

8时30分,车间主任安排外线班班长,对该线路出线改造项目当日作业内容要求做好施工准备。8时40分,班长召开班前会议进行了工作安排,并要求作业人员上杆前对调整线路设施进行检查,注意施工安全。13时20分,工人到达作业现场,班长安排工人甲、乙、丙3人负责只拆除该线路3#铁塔的避雷线和导线(未安排拆除铁塔)。

工人甲携带工具及保险带到达3#铁塔检查拉线后,在现场监护人员没有到位的情况下随即登塔,当登到3#铁塔一半时,工人乙到达3#铁塔处进行监护。工人甲登到塔顶系好保险带即开始作业,在拆除3#铁塔避雷线的瞬间,铁塔失去平衡倾倒落地,工人甲随铁塔一起坠落至地面。见此情景,其他同事迅速跑到倾倒落地铁塔前,用电工刀割开陈某所系的保险带,对其进行抢救并送往医院,经抢救无效死亡。

二、事故原因

(一)直接原因

该线路于1980年初采用锥形铁塔架设投产,其中3#铁

第四章
典型工业生产安全事故分析

塔设计为半球形无固定基座锥形铁塔。而现场3#铁塔实际仅有三组四条拉线安装在塔基的外角一侧180°范围内固定，缺少一条内角拉线固定。

3#铁塔至4#水泥杆导线从4#水泥杆拆除断线后，3#铁塔靠三组四条拉线和3#铁塔与5#门型水泥杆架的避雷线以及3#铁塔与2#直角锥形铁塔之间的避雷线、导线保持着平衡。当3#铁塔与5#门型水泥杆架避雷线在3#铁塔处拆除断开时，导致3#铁塔失去平衡倾倒落地。

（二）间接原因

1. 5月15日，供水供电公司下发了《关于加强工程项目安全质量管理的通知》，明确了项目总负责、现场总负责、技术总负责、安全总负责人，并对该项目实施做出安排和要求，但没有做过细的工作，没有用30多年前原设计图纸和现场工况进行核对，误认为现场工况与原设计情况没有变化，从而导致实际作业前，对具体的作业对象和环境存在的风险识别不全面，对事故的发生埋下了隐患。

2. 作业前对该线路3#转角塔的基本状况进行了检查，但没有意识到3#铁塔缺少一条内角拉线，对缺少内角拉线情况下铁塔的实际受力状况缺乏分析；员工技术素质低，没有对铁塔缺少内角拉线的情况引起重视，忽视了内角拉线的作用。

（三）管理原因

1. 施工单位供电车间未认真执行HSE管理制度，对作业风险识别和评估不全面，《作业计划书》中"消控措施和安全技术措施"缺乏针对性及操作性，只注重常规性的电击和高处坠落等作业风险的防控，而忽视了作业过程中存在的机械性风险识别,对铁塔在长期缺少一条内角拉线而处于稳定的情况下,因导线和避雷线拆除后外部受力情况发生变化,可能造成锥形铁塔倾倒的危险缺乏认识,导致现场作业人员自认为登塔作业是安全的。

2. 供电车间对安全规章制度执行不到位,对施工作业过程中存在的风险没有进行充分识别、评估,未采取有效的风险控制和消减措施,没有制定现场施工项目的 HSE 作业指导书,向作业人员进行安全教育和技术方案交底不细致,安全生产责任落实不到位。

三、点评

这是一起由于作业前的风险评估不够而引发的事故。暴露出在 HSE 管理体系的制定、运行方面严重脱离实际,施工作业计划书措施不具体,对现场风险识别、评估不全面,对存在的问题没有及时发现和纠正,现场安全监管不到位。暴露出执行安全生产规章制度和操作规程不到位。《电业安全工作规程》对登杆、塔作业安全规定非常明确,但现场作业人员在实际作业过程中却没有认真执行,在拆除导线、避雷线过程中违规操作。同时,作业人员技术素质低,安全意识淡薄,从中暴露出我们在职工队伍管理、建设和培训教育等方面还存在问题,有待于进一步改进和提高。该事故教育我们应树立安全生产"三不原则",即:"安全工作不怕得罪人,不做老好人,不干糊涂事"。

第四章
典型工业生产安全事故分析

案例四：擅自入罐，失足身亡

一、事故经过

某成品油库某储罐于2002年建造投用，内浮顶设计，一直用于90#汽油接收与外输，运行近6年，未进行大修。由于罐体腐蚀严重，附件等需检修，根据实际情况及储罐大修的相关规定安排进行大修。

2008年8月25日15时左右，施工人员完成拱顶内表面的最后一道油漆的涂刷工作。15时30分左右，管理人员完成油罐的油漆涂刷质量初步验收之后，决定收工。

16时30分，施工单位安排防腐作业人员和防腐配属人员下班。撤出工地后不久，某施工人员独自返回工地，通过透光孔进入罐内作业平台（约14米高）寻找丢失的玉坠，此时罐内已无作业人员，通风机、照明灯都已关闭断电。16时50分左右，其坠落罐底受伤，经抢救无效死亡。

二、事故原因

(一) 直接原因

按照规定,收工后罐内通风机、照明灯都已关闭断电,现场光线昏暗。该施工人员在未经允许、无人监护的情况下擅自进入罐内作业平台,从罐外光线充足处进入昏暗环境视力在短时间内难以适应,加之本人没有佩戴安全带,高空保护措施不完善,在其匆忙寻找个人物品的过程中失足坠下脚手架。

(二) 间接原因

1. 现场搭设的脚手架在高处 14 米左右用脚手板搭建了一个作业平台,但是作业平台下方却没有按规定架设安全网。现场作业结束后,对大修储罐也未进行封孔锁定等防护措施。

2. 油库在管理上还存在薄弱环节,未能及时发现违规分包情况。

3. 施工单位对劳务派遣、短期用工人员的安全教育培训不够。

4. 对现场管理检查不到位,未对搭设的脚手架进行验收。对现场风险分析不够,在现场监督和安全检查中也未发现和及时改进安全防护措施。

(三) 管理原因

1. 该项工程合同中明确规定"本工程不允许进行分包",但施工单位擅自违规将工程分包,而分包单位又将脚手架搭设工程分包给劳务市场雇佣的农民工,人员资质、能力都无法严格掌握。

2. 对油罐大修作业存在的风险识别不充分,对作业现场风险预防和控制不力。调查组现场查看了施工方案,施工单位制订的方案没有能与本次施工的具体情况很好地结合起来。

3. 监理公司现场监管不到位,未严格履行监理职责。监理对于本工程违规分包的行为未能及时发现报告业主,对于所有架子工的资质未能严格审查把关。对于现场搭设的脚手架安全防护设施设置不足,有限空间的防控措施不到位,监理也未能及时发现并监督整改,未尽到其质量监督、安全监督的职责。

三、点评

作业现场应完善的项目审查、审批管理规定,完善相关工作标准、作业程序;应对各个环节的作业风险进行细化风险识别分析,加强关键环节的过程控制,应落实控制措施,尤其是要落实动火、维检修、流程切换、启停机等重点作业关键环节的过程控制;应加强工程施工承包商的监督和管理。重点是突出基层单位、站队在承包商的选择、现场管理、业绩评价等环节的作用,抓好现场管理;应加强施工作业现场的监管。严格落实"脚手架高处作业周边安装防护围栏、挡脚板,下方架设安全网,作业中使用安全带;作业结束后应对有限空间实施封孔锁定管理"等具体措施。事故给人警示:"安全施工伴随幸福一生,违章作业笼罩痛苦一生"。

第三节 起重伤害事故

起重作业包括:桥式起重机、龙门起重机、门座起重机、塔式起重机、悬臂起重机、桅杆起重机、铁路起重机、汽车吊、电动葫芦、千斤顶等作业。起重伤害是指从事起重作业时引起的机械伤害事故,适用于各种起重作业引起的伤害。起重伤害事故包括:起重作业时,脱钩砸人,钢丝绳断裂抽人,移动吊物撞人,钢丝绳刮人,滑车碰人等伤害;起重设备在使用和安装过程中的倾翻事故及提升设备过卷、蹲罐等事故。不包括:触电,检修时制动失灵引起的伤害;上下驾驶室失误引发的坠落或跌倒。

案例一:吊装失误,钻工身亡

一、事故经过

2007年3月25日,某钻井队进行钻机拆卸作业。9时30分承包方某吊车驾车人(起重作业资质证件已超过有效期限)操作轮式起重机,在吊卸下放钻台右前角梯子过程中,与放置在地面上的另一梯子护栏刮碰,钢丝绳套从梯子吊装耳板上脱出,梯子迅速坠落,站在现场进行辅助作业的某钻工被砸,当场死亡。

二、事故原因

(一) 直接原因

吊车驾车人在吊装过程中速度过快且吊臂边转动边放绳,造成被吊梯子底端与地面事前放置的梯子护栏刮碰,承重钢丝绳从梯子吊装耳板中脱出,梯子迅速坠落,钻工来不及躲闪被砸身亡。

(二) 间接原因

1. 在班前会上,没有具体明确指挥人员,吊车驾车人在无现场指挥的情况下进行吊装作业。

2. 吊装摆放物件的顺序不合理,没有按照由远及近的顺序摆放,且现场面积狭窄,给吊装摆放作业带来困难。

3. 事前放置在地面的梯子、液压大钳阻挡吊车操作人员的视线,在未采取措施进行吊装作业时,造成被吊装梯子与事前放置在地面上的梯子护栏发生碰撞。

(三) 管理原因

1. 钻井队未对进入现场作业的吊车操作人员进行安全教育,没有对吊车操作人员的资质证件进行审验,致使吊车操作人员资质证件已超过复验期限的情况下,仍进入现场进行吊装作业。

2. 施工作业前,钻井队没有按要求对吊装现场存在的危害因素进行全面排查、识别,对吊装物件摆放位置不当、吊装现场面积狭窄等可能造成的伤害认识不足,且作业摆放程序不当。

3. 钻井队的司索、指挥人员配备不足,该钻井队只有四名人员经过培训取证,不能满足实际工作的需要,且没有明确指挥人员。

4. 运输公司没有按照年初签订的施工服务安全协议要求,指派现场协调人员进行现场作业的整体协调,现场四台吊车作业无人协调管理。

5. 运输公司对特种作业人员管理不到位,吊车操作人员资格证超过有效期未进行复验。

6. 运输公司对作业人员教育不到位,吊车操作人员安全意识淡薄,违章作业。

三、点评

这是一起因承包方无特种设备证且操作不当、作业流程不合理、作业前沟通不够而引发的事故。从事故中应吸取的教训是:(1)作业现场应加强对作业承包方的监管,尤其是对长期合作承包方的监管,不能有熟视无睹的现象,必须做到"不满足安全要求,就不签订施工服务合同、就不允许进入现场施工",并严格落实主体责任,把承包方当成自己的作业队伍进行管理,指派监督对各作业过程进行监控。(2)加强对承包方设备设施、人员资质和各项措施落实情况的监督。施工作业之前,要召开各相关方人员参加的联席会议,进一步明确施工作业过程中各自的职责、任务和要求,制定作业方案,统一协调和指挥。对于易发生事故的搬、安、迁施工和带压、带电、起重等危险作业,要严格执行作业许可的有关规定并严格检查,消除隐患,使相关方真实感道"多一次检查多一张笑脸,多一次要求多一家团圆"。

第四章
典型工业生产安全事故分析

案例二：起重吊装失控，导致一死一伤

一、事故经过

2007年10月10日，某钻井队在拆卸钻井设备，运输公司安排吊车配合。13时20分，运输公司驾车人带其徒弟驾驶一台50吨吊车实施吊装作业。15时20分，徒弟（无证）用小钩在野营房旁进行底座组件摆放，先将井架底座上船置于地面（底座上船距野营房1.8米），后按平行支柱、两块三角支柱、两块梯形支柱的顺序叠放在上船上面。当把第五块支柱放下后，由钻井队副队长、外钳工、井架工及场地工四人分别摘下吊钩，对支柱进行捆绑。

15时50分，起重操作人收钩准备卸其他货物，收钩过程中不慎将第五块支柱带起约10厘米，造成其侧滑，翻到物件与营房之间，将从上船同侧跳下的外钳工砸在下面，当场死亡。井架工的右脚被落下的支柱刮碰，受轻伤。

二、事故原因

(一)直接原因

无证操作人员在准备收钩卸货过程中,瞭望不够,不慎将第五块支柱带起,侧滑后翻落地面,将外钳工砸在下面,致其死亡。

(二)间接原因

1. 起重操作人员不具备安全操作技能。该操作人员属于新上岗员工,未经过专门的起重安全培训,不具备安全操作技能。

2. 起重操作人员违反起重作业操作规程。违反起重臂回转范围内不得站人的规定,在起重臂旋转范围内有四人作业情况下,转动起重臂;转动起重臂时,未将吊索及吊钩提到安全高度。

3. 设备部件堆放过高。在作业过程中,现场指挥在没有进行充分的风险识别的情况下,过高堆放设备部件(设备部件距地面最高达4.15米)。

4. 设备部件摆放位置不合理。吊装作业前,选择摆放井架底座组件位置距离野营房过近,逃生空间狭小,发生意外时,不利于作业人员逃生。

(三)管理原因

1. 运输公司领导对安全生产重要性认识不够,在生产任务繁重,吊车操作人员紧张,未对特种作业人员进行专门的安全培训、不具备最基本的安全操作技能的情况下,直接安排跟车见习。

2. 安全管理规章制度不落实。虽然基层车队明确规定徒弟不得进行起重操作,但在实际执行过程中未进行必要的监督检查,采取放任的态度,在安全管理上存在有令不行、有禁不止、规章制度不落实的现象。

3. 施工作业风险意识不强。在大型设备拆甩等重点环节上,没有对存在的风险进行充分的评估并采取有效的削减措施,施工作业存在盲目性。

4. 施工作业现场管理混乱。甲乙双方责任不明确,没有制定详细的拆甩设备作业施工方案,以致起重作业配合不协调,存在起重作业多人指挥现象。

5. 施工作业现场安全监管不到位。起重操作人员违章作业、无证上岗现象未能及时发现和有效制止。

6. 师徒帮教合同落实不到位。师傅在徒弟未取得操作资格证的情况下,安排实施起重作业,未能尽到指导、帮助、监护的职责。

三、点评

这是一起由于特种作业人员无证操作,操作技能不熟练、违反操作规程、作业现场控制不到位而引发的事故。反思事故,应吸取的经验教训是:施工作业中全体干部员工,坚决克服重生产、轻安全的思想,真正做到"安全第一";切实加强风险评估,对作业风险要进行全面细致的辨识分析,有针对性地采取风险削减和防范措施;在涉及甲乙双方或多方的施工作业时,必须制定周密的施工方案,明确各方责任义务;在施工作业过程中,各方要密切配合,搞好协调,认真履行各自安全职责,严格贯彻执行安全生产有关规定,确保安全施工;要强化对岗位人员的安全培训教育,切实提高岗位人员的安全生产意识和素质,特别要加强对特种作业的管理,严格执行特种作业有关规定,指挥和作业人员必须经过专门的安全培训,取得特种作业安全操作资格证后方可上岗;培养职工牢固树立"安全生产关系到企业形象,关系到企业效益,关系到职工切身利益,关系到市场战略实施的理念"。

案例三:吊装物失衡翻转,致员工一死一伤

一、事故经过

2007年6月8日,某工程建筑安装公司安装队拉运抽油机组件。16时50分左右,开始吊装抽油机三脚架大支架。吊车将三脚架大支架吊放于东风卡车车厢内,摘掉吊钩准备吊装其他组件时,在卡车上位于车后轮上方的安装工,手把着三脚架大支架准备下车。三脚架大支架突然从车厢内向外翻转,安装工随三脚架大支架滑落地面,大支架压在其盆骨至胸部位置,同时将同在车上的某书记刮到车下。安装工经医院抢救无效死亡,该书记右腿骨折。

第四章
典型工业生产安全事故分析

二、事故原因

(一)直接原因

安装工摘掉起重绳索下车过程中,三脚架大支架失去平衡,从卡车上翻下来,砸在其胸部,致其死亡。

(二)间接原因

1. 车辆选用不合理。三脚架大支架长度为8.25米,而拉运三脚架大支架的卡车车厢长度只有7.3米。三脚架大支架装车后,重心与支撑点距离过小,极不稳定。

2. 物件装车时摆放不合理。三脚架大支架下部重约0.6吨,靠近中轴的上部重约1吨(此部分的重心位于支架轴心线以外),由于三脚架大支架长于车厢,顶端部分被悬空置于车厢以外,由于偏心,其自重形成了向外翻转的侧向重力力矩,致使该三脚架大支架放置后,重心偏移。

3. 外力作用。安装工在下车过程中,手拉三脚架大支架,形成侧拉力,造成三脚架大支架重心偏离,翻转270度掉落车下。

4. 卡车摆放不合理。卡车停放处位置不平,左低右高,车厢处于倾斜状态。

(三)管理原因

1. 生产运行管理不到位。吊装作业施工方案中,对于吊装过程的安全技术要求过于粗糙,车辆停放、物件摆放等关键控制点没有严格的技术说明和安全要求。

2. 作业人员风险防范意识不强。现场负责人及作业人员对作业中存在的风险未给予足够重视,没有按照HSE

管理体系要求开展风险识别和评估,未采取相应的防范措施。

3. 规章制度不落实。单位领导安全意识淡薄,安排未经培训的无证起重指挥人员上岗,起重指挥人员安全技能严重低下。

三、点评

该事故是在吊装过程中无证指挥,违章操作导致三脚架大支架砸在安装工胸部致人死亡的事故。提示各级管理人员应加强员工操作规程、风险识别、岗位责任制、岗位技能等为主要内容的教育培训,进一步增强员工的安全意识和安全技能,提高员工风险识别和自防自救能力。该事故给我们的警示是:"严格要求安全在,松松垮垮事故来。违章违纪不狠抓,害人害己害大家。"

案例四:违章指挥起吊,赔上自己性命

一、事故经过

2008年3月19日至26日,某公司钻井队进行设备拆卸、保养和防腐工作,为搬迁至下口井作准备。26日7时55分左右,钻井队某副司钻带领三人,在吊车配合下,拆卸1号钻井泵上水管线时,用吊绳穿过该泵排出阀滤网总成,吊拉上水管线。在起吊过程中用力过大,使上水管线脱离循环罐法兰的瞬间,向2号钻井泵方向横扫,将该副司钻击倒,经送医院抢救无效死亡。

第四章
典型工业生产安全事故分析

二、事故原因

（一）直接原因

因上水管线的伸缩管被泥沙堵塞，拆卸困难，现场作业人员采用吊车吊拉拆卸的方法，在起吊过程中用力过大，使上水管线脱离循环罐法兰的瞬间，向2号钻井泵方向横扫，将副司钻击倒。严重违反起重作业"十不吊"中"歪拉斜吊不吊"、"交错挤压在一起的物体不吊"的规定。

（二）间接原因

1. 用吊车配合拆卸上水管线作业时，对拆卸后的上水管线会向2号钻井泵方向横扫的风险估计不足。

2. 外聘工吊车驾车人技术素质不高，用小钩起吊时操作不当。

3. 在吊卸时，副司钻站位不当，在危险区域指挥吊装作业。

4. 现场管理和监督不到位，钻井队干部和现场安全监督均未在现场进行监督、指导。

三、点评

这是一起违反起重作业规程的致人死亡的事故。作业现场应严格执行集团公司反违章"六条禁令"等相关规定,加大"三违"查处力度,消除事故隐患。加强对生产作业全过程的风险管理,在施工作业中严格执行规章制度和操作规程,确保施工作业安全。强化市场化用工人员的管理与培训工作,提高其安全意识和操作技能。加强施工作业过程的安全管理与监督,认真落实现场安全监督"五个关键"的要求,在关键的岗位、关键的工序、关键的时间出现在关键的地方,起到关键的作用,同时抓好配合作业中现场作业人员的相互协调与监督,提高现场安全生产能力,使全体员工树立"今天安全不等于明天安全,要想明天安全,今天必须安全"的理念。

案例五:吊具选用不当,重物下落伤人

一、事故经过

2008年10月9日14时,某管具技术服务分公司某项目部副经理,安排井控车间钻井工具装修工兼热处理工甲负责,带领机加工车间电焊工乙、丙在热处理工房对滚子方补心壳体进行热处理正火作业。22时40分左右,准备用电动葫芦将滚子方补心壳体放入地下井式炉,当四个被串联在一起的滚子方补心壳体被吊装至井式炉炉口时,连接电动葫芦吊钩的吊具挂钩突然断裂,滚子方补心壳体砸在了电焊工丙

第四章
典型工业生产安全事故分析

身上,现场作业人员甲、乙立刻将压在丙腿上的滚子方补心壳体搬开,并将其送往医院进行抢救,10月10日1时10分,丙经抢救无效死亡。

二、事故原因

(一)直接原因

1. 吊具选用不当,承载过大,造成吊具断裂,重物下落伤人。经事后材质化验和计算,该吊装过程中所用吊具所能承受最大吊装重量为1020千克,而单个滚子方补心的重量就达到302千克,四个共1208千克,实际承重远大于吊具所能承受的最大载荷,吊具选用不当是造成该起事故的直接原因。

2. 作业人员违章作业。在将吊装物放入井式炉过程中,作业人员用手扶串联在一起的四个滚子方补心(总高度高达2.4米),身体距离吊装物过近,没有达到《热处理工岗位HSE作业指导书》中规定的安全距离(2.4米)要求,致使重物倾倒时不能及时躲开,造成伤害。

(二)间接原因

1. 作业人员盲目选用勾搭工具作为吊具,所使用的吊具本身存在隐患。

2. 现场操作人员采用一次串联四个滚子方补心的吊装方式,造成被起吊重物过高,高度达 2.4 米,导致操作人员用手扶其下炉过程中,很难与重物保持安全距离,从而间接诱发作业人员违章,造成此次事故。

(三)管理原因

1. 起重吊具、索具管理存在漏洞。该事故单位在吊具、索具的设计、使用和检测管理上缺乏具体明确的管理规定,造成作业人员盲目使用勾搭工具作为吊具。

2. 生产组织协调不到位。该项目部副经理作为组织生产的负责人,在作业前生产会上虽然明确"由甲、乙检查吊具、设备,防止落物伤人"的内容,但没有对吊具的选用、使用提出具体要求,主管技术副经理也没有就作业方式提出具体要求。

3. 危险作业管理存在缺陷。该单位没有将热处理作业纳入本单位危险作业项目进行管理,危险作业识别、监管不到位。

4. 培训教育不到位。该单位没有对从事热处理作业的人员进行专门的培训教育,员工的技能和素质有待进一步提高。

5. 监督检查不到位。管具公司两级职能部门日常检查没有及时发现吊索具管理不规范、培训教育不到位等问题,监督检查没有发挥应有的作用。

第四章
典型工业生产安全事故分析

三、点评

本次事故是一起使用吊具不当而引发的事故。在吊装作业中,应制定台吊具及其他装置的管理办法,明确每种吊装物件所应使用的吊具种类及规格,明确各种吊装作业的作业方式,尤其要明确被吊物体的高度及人员的安全距离。应针对各项作业流程,全面开展危害因素识别及其风险评估,修订设备设施维护保养操作规程、工艺技术操作规程。全面规范现场管理和操作行为,加强危险作业过程监控,确保危险作业得到有效控制。必须结合岗位员工实际需要,有针对性地组织开展培训教育,提高员工岗位操作技能和素质。切实让职工警记:"安全是生命,冒险是拼命;违章是玩命,蛮干不要命"。

第四节 触电事故

人身直接接触电源,简称触电。触电能否对人体产生伤害及伤害程度如何,取决于人体电阻的大小、施于人体电压的高低、电流通过人体的时间和途径。

触电伤害是指电流流经人体,造成生理伤害的事故。包括人体接触带电的设备金属外壳或裸露的临时线,漏电的手持电动工具;起重设备误触高压线或感应带电;雷击伤害;触电坠落等事故。

触电伤害表现为多种形式。电流通过人体内部器官,会破坏人的心脏、肺部、神经系统等,使人出现痉挛、呼吸窒息、心室纤维性颤动、心跳骤停甚至死亡。电流通过体表时,会对人体外部造成局部伤害,即电流的热效应、化学效应、机械效应对人体外部组织或器官造成伤害,如电灼伤、金属溅伤、电烙印。

案例一:违章带电操作,自己触电身亡

一、事故经过

2007年5月22日上午10时,试压分部机组长、技术员、操作手等五人到印度紧靠入海口的NAMADA河东岸执行穿越管段回拖前的预试压工作。

13时30分左右,河水随海水而退潮,现场具备了安装潜水泵条件。因发电机与潜水泵连接电线不够长,购买的电缆没有送到,为在NAMADA河涨潮前完成任务,机组长到相邻的穿越公司分部,私自带电拆取一台正在给蓄水池上水的水泵电缆线。13时40分左右,同事发现机组长触电昏迷,歪倒在蓄水池北侧的泥坑里,经医院抢救无效死亡。

二、事故原因

（一）直接原因

机组长安全意识不强,在无任何人员监护的情况下,无证上岗作业。私自徒手拆带电的水泵电缆,违章操作,导致触电身亡。

（二）间接原因

临时用电不规范,施工现场临时用电的管理存在问题,各种电气设备、手动工具用电没有专职电工接线,水泵带电,未设立警示牌,不符合《施工现场临时用电安全技术规范》(JGJ 46—2005)的要求。

（三）管理原因

1. 现场没有监护人,不能及时制止机组长违章行为。
2. 机组没有配备电工,施工组织机构不健全,无法执行《作业指导书》的要求。
3. 运行水泵没有设专人看管,出事现场无警示标志。

三、点评

这是一起因作业人员无证带电违章作业导致的人员伤害事故。责任单位应吸取教训,完善施工组织机构人员的配备,各种电气设备、手动工具用电必须由专职电工接线。强化职工安全生产法律法规和操作规程教育培训,提高员工素质和应急处理能力。切实落实施工现场的 HSE 监督,加强现场的监督检查频次,发现问题及时纠正。加强施工设备安全管理,加强施工现场临时用电的管理。对现有的施工设备进行全面安全检查。切实让职工警记:"安全是生命,冒险是拼命;违章是玩命,蛮干不要命"。

案例二:违规接线埋隐患,违章操作触电亡

一、事故经过

2007年10月29日14时30分,某水电厂销售服务中心员工甲、乙执行6千伏临时变压器拆除作业。两人按规定办理了《电力线路第一种工作票》,便携带脚扣、令克棒、保险带以及随身工具来到6千伏临时变压器现场。两人察看了变压器工作情况,当时变压器带电无负载,员工甲登上南面电线杆,拉开了变压器上A、B、C三相的隔离刀闸,在未验电和未装设接地线的情况下,剪断了变压器A相引线。然后又登上北面电线杆剪断了变压器C相引线。15时15分,当员工甲用右手抓住铁横担,左手剪变压器B相引线时,发生触电,造成死亡。

第四章
典型工业生产安全事故分析

二、事故原因

(一)直接原因

1. 有章不循、违章操作,未按照《电力安全工作规程》作业,违反操作程序。未执行工作票中制定的"停电、验电、装设接地线"安全措施。

2. 高风险作业许可制度执行不到位,所办的作业票内容不具体、不全面,许可人、签发人未认真审核作业票。而且此次作业没有办高处作业票和电气操作票。

3. 未严格执行工作票,监护人和操作人职责不清。《电力线路第一种工作票》指定员工甲为工作负责人(监护人),员工乙是操作人。当作业时员工甲执行操作,员工乙作为监护。

4. 监护人未能履行监护职责。员工乙作为监护人,看到安全措施未落实,员工甲违章操作,没有及时纠正、制止。

5. 临时变压器接线存在安全隐患。10月9日该临时变压器搭火作业时,作业人员未按要求将变压器引线接在隔离刀闸的出口端,而是将引线接在隔离刀闸的进口端,使刀闸失去了隔离作用。

(二)间接原因

1. 工作制度执行不严肃、安全措施不落实。员工甲、乙在作业前不携带验电器和接地线,无人检查、无人落实,审核把关不严,致使安全管理关口失去效用。作业中发现变压器引线接在隔离刀闸进口端,应立即终止作业,但仍心怀侥幸,盲目蛮干酿成事故。

2. 销售服务中心安全管理不严格、不到位,工作不细致。正、副主任日常管理不严,维护班班长安排工作不细致,监督管理不到位,本次作业时未办理倒闸操作票和高处作业票,工作票签发人、许可人未了解接线情况,工作中存在"低老坏"作风,生产管理中存在薄弱环节。

3. 安全教育不到位,员工的安全责任意识和危害因素意识极其薄弱,缺乏自我保护意识,习惯性违章根深蒂固。HSE 管理体系运行多年,但员工在具体操作中把作业指导书、操作卡放在脑后,"只有规定动作,杜绝自选动作"的安全要求没有成为每个员工的行为准则,致使安全制度流于形式。

三、点评

该起事故是一起作业人员未按操作规程进行操作而引发的事故。反映出 HSE 管理体系还没有成为我们的工作方法,反违章"六条禁令"执行不到位。要求责任单位应认真执行高风险作业办票许可制度。所有高风险作业要做到"七个必须"。即:必须先办票后作业;必须先辨识风险,制定出切实可行的安全措施再作业;作业人和现场监护人必须对作业票中的职责和安全措施清楚明了;各项安全措施必须逐一得到落实;必须按级别逐级审批,审批人必须现场签字,审查措施的可靠性、严密性和可操作性;必须在规定的时间内作业;必须做到票中内容填写完整,不得有空缺。电力操作要做到五严:"安全思想要严肃,安全管理要严格,安全制度要严密,安全组织要严谨,安全纪律要严明"。

第四章
典型工业生产安全事故分析

案例三：违规作业，触电死亡

一、事故经过

2008年4月14日13点30分，某地震队施工人员按照正常的拆线工作程序，进行收线作业。在施工过程中，首先将数据线拆除，而后拆除钢丝绳，当南侧人员将系在立杆上的钢丝绳解开后，北侧的人员站在地面上用手拉钢丝绳，准备将架在空中6米高处的钢丝绳从南侧拉到道路北侧回收。

由于钢丝绳打卷，在南侧立杆顶部圆环处受阻，操作者用力过大，打卷的钢丝绳突然释放，在弹力的作用下，弹到北侧立杆上方的10千伏输电线路上（距地面高约10米），致使手握钢丝绳的操作者触电，经抢救无效死亡。

二、事故原因

（一）直接原因

在进行架杆拆除过程中，由于将要拆除的钢丝绳在路南侧架杆顶上的圆环外遇卡,操作者在路北收钢丝绳时用力过大,遇卡处突然释放,致使其反弹搭接在道路北侧10米高的10千伏高压线上,是造成其触电死亡的直接原因。

(二)间接原因

1. 地震队尽管对现场存在的隐患进行了识别,评估后也采取了用竹竿代替铁杆的措施,但未能识别出10千伏输电线的风险、也未认知到钢丝绳在人体拉力的作用下引起的反弹力造成的风险升级因素。

2. 拆线作业现场没有设置监护人员。

3. 操作人员自我保护意识和危险识别能力差。

(三)管理原因

海上勘探事业部虽加大了隐患识别力度,制定了相关的操作程序,但对于在高压线下过路架、拆线存在的风险没有识别全面,对使用的材料特性不够了解,制定的操作程序不够严谨,野外现场监督不够严细,是造成此次事故的根本原因。

三、点评

这是一起因隐患识别不全面,制定的操作程序不合理而引发的触电事故。责任单位应进一步深入贯彻落实集团公司安全生产禁令,切实强化施工过程中作业人员按照"规定动作"进行操作。组织开展工作前安全分析(JSA)活动,对各作业环节进行一次全面隐患排查,及时整改治理隐患。过路架线作业风险,从架(收)线防触电、防倾倒、防交通事故等方面做好设计、培训、架(收)线实施、警戒和现场监护工作,杜绝此类事故的发生。教育职工牢固树立:"安全源于责任心,源于设计,源于质量,源于防范的观念"。

第四章
典型工业生产安全事故分析

案例四：钻破绝缘电线，不幸触电身亡

一、事故经过

2008年6月21日，某销售公司加油站停止营业，进行加油站施工改造。9月24日，施工单位安装加油站站房外防雨棚，当日完工，经检查未达到质量要求，要求返工整改。

10月7日下午，施工单位派出甲、乙两名施工人员对防雨棚进行加固整改。14时10分左右，甲、乙两人正准备在加油站站房一角用电钻打孔，加油站经理发现后，询问是否办理了《临时用电作业票》和《高处作业票》，得知未办理两票后，当即责令停止施工作业。此后，甲离开了加油站，乙也离开了作业点，加油站经理确认他们停止了作业后，到加油站前面去找施工单位现场管理人员对此事进行交涉，并向加油站管理科科长电话汇报。此过程中，施工人员乙私自回到作业点，擅自在站房一角打孔安装膨胀螺丝后，又走到站房另一端爬上操作台时触电。经抢救无效死亡。

二、事故原因

(一)直接原因

施工人员乙不听劝阻,未办理相关许可手续,违章使用电钻钻孔,不慎将埋墙电源线绝缘层打破,并用金属膨胀螺丝固定防雨棚架,通过膨胀螺丝将电源线与棚架联通,导致整个棚架带电。此时,因其穿的绝缘鞋,人体与地面未形成通电回路,才未发生触电。之后,其又到站房另一端爬上操作台,当一只手接触防雨棚架,另一只手又接触到站房防雷网接地线时,形成通电回路,致使触电事故发生。

(二)间接原因

施工单位对站房雨棚进行加固时,未告知施工人员站房墙体内敷设有电源线,施工人员在不清楚墙体内敷设有电源线的情况下,又未办理相关手续,私自在站房外墙面钻孔时损坏了埋墙电源线绝缘层,使雨棚带电,埋下了此次事故发生的隐患。

(三)管理原因

1. 施工现场有多家施工作业单位、多个施工作业面,各方相互沟通协调不够,造成施工人员不清楚打孔作业存在的风险,违章操作。

2. 建设单位现场管理人员虽对现场的施工人员违章进行了制止,但未估计到施工人员可能在制止后还会作业,采取的措施不严,存在管理漏洞。

3. 施工单位现场监管力量不足。施工单位在现场仅安排了一名管理人员,该管理人员又在加油站另一处进行监管,站房防雨棚加固处无人监管,建设单位也未及时向施工

第四章
典型工业生产安全事故分析

单位提出增加监管人员的要求。

4. 对施工安全管理人员和施工人员的安全教育针对性不够。虽然对施工人员进场前进行了安全教育，但对作业过程中可能存在的风险教育不够，导致施工人员出现蛮干、管理人员不能及时向施工人员交代存在的风险及安全注意事项。

三、点评

这是一起因承包商在不了解施工作业环境，未办理作业票证的情况下而引发的事故。建设单位要加强承包商的管理，严把承包商资质关、业绩关、人员素质关、监督监理关和现场管理关。同时，按照集团公司反违章禁令的要求，加大对作业人员的监督检查力度，杜绝违章施工和冒险作业。组织承包商所有人员参加集团公司"六条禁令"的学习和考试，不合格者不得进入施工现场。切实让相关方牢记："严格要求安全在，松松垮垮事故来；违章违纪不狠抓，害人害己害大家"。

第五节 物体打击

物体打击是指失控物体的重力或惯性力造成的人身伤害事故。如落下物、飞来物、滚石、崩块等造成的伤害。不包括主体机械设备、车辆、起重机械、坍塌、爆炸等引起的物体打击。这类事故一般多发生在检修作业和建筑施工等作业场所。

物体打击发生的一般规律符合轨迹交叉理论，人的不安全行为与物的不安全状态在各自发展过程中（轨迹），在一定的时间和空间发生接触,失控的能量作用于人体导致了物体打击事故的发生。

案例一:高压软管接头断裂,操作者无辜毙命

一、事故经过

2007年9月7日,某化工建材有限公司施工人员承担某热电厂汽机车间2#凉水塔防腐任务,在现场进行高压水清洗设备试验工作。9时30分试验开始,由一人持枪,另一人扶软管。10时,清洗压力达到3MPa,清洗枪头与软管接口处突然崩裂,断裂的橡胶软管端头带有残留的螺母,在压力的作用下瞬间失控,将后面扶软管的施工人员安全帽打碎,将头部击伤。其被送往医院,抢救无效死亡。

二、事故原因

(一)直接原因

施工单位在现场使用高压水清洗设备,水枪与软管连接

第四章
典型工业生产安全事故分析

的活接头存在隐患,在使用过程中突然崩裂,在水压的作用下,断开的软管接头击中了扶软管作业人员的头部。

(二)间接原因

1. 承包商安全监管不到位。承担热电厂汽机车间 $2^{\#}$ 凉水塔防腐任务的化工建材有限公司不具备防腐工程施工资质,该化工建材有限公司选定有防腐施工资质的河南某电建防腐有限公司进行施工,该防腐有限公司又私自联系使用某工业公司清洗设备,暴露出石化公司承包商管理失控。

2. 施工方案变更监督不到位。热电厂 $2^{\#}$ 凉水塔防腐施工方案变更,而化工建材有限公司没有按照《炼化企业变更过程安全环保管理规定》的要求,对高压水清洗作业进行安全和环境因素识别与风险评价,制定完善的风险削减措施,石化公司对乙方变更方案监督不到位。

三、点评

该事故是承包商在作业过程中因为软管连接的活接头,在使用过程中突然断裂,击中了扶软管人员的头部致人死亡。反映出企业对承包商管理存在薄弱环节。对此企业应加强对承包商资质、工程合同、安全合同、施工作业人员(特别是特种作业人员)资质证书评审,同时检查施工工机具是否完好,施工用料是否合格,施工单位是否执行"两书一表"。对存在问题的项目立即整改,对不合格的外委施工队伍予以清除。该事故给我们警示是:"多一份细心,就多一份安全,也就多一份收获。"

案例二：违规摘卸外钳，外钳砸人致死

一、事故经过

2007年12月28日上午，某钻井队工程二班进行下钻作业。11时30分，副司钻操作刹把上提34号立柱（井深892米），内钳工和外钳工扶立柱到井口对好扣，外钳工缠上旋绳，唐某拉猫头，用旋绳带满扣，两人打上内、外钳后，外钳工站到大门坡道前两钻杆盒之间，副司钻操作液压猫头紧扣。紧完扣松外钳猫头绳后，外钳工从钻杆盒间走到小鼠洞附近去松外钳，外钳突然反弹将其击伤，经医院抢救无效死亡。

二、事故原因

（一）直接原因

外钳工违反操作规程，未等到外钳完全泄压就上前摘卸

外钳,致使钻柱反扭矩突然释放,引起外钳反弹,造成事故发生。

(二)间接原因

1. 现场管理人员对员工违章作业未能及时发现和制止,对现场安全管理不到位。

2. 对员工的安全教育不够,对施工中存在的危害因素未进行针对性安全培训。

三、点评

该事故是在下钻作业过程中因违章操作引起外钳反弹,造成物体打击亡人事故。这起事故暴露出员工对新设备、新工艺的风险识别不到位,对可能出现的危害认识不到位,因而制定的安全操作规程不到位、不细,缺乏程序约束的自选动作仍然存在。因此应对新设备安全操作规程进行完善,必须进一步完善细化,切实抓好落实。该事故给我们警示是:"精心操作,爱护设备,让维护满意;及时维修,精心检修,让运行满意。"

案例三:偷懒搭乘提升架,丧命钻井游钩下

一、事故经过

2008年4月8日8时10分,某钻井队按正常顺序安装完第四节导轨后,用游钩上提提升架(长1.1米,宽0.6米,高0.65米,大钩与提升架用钢丝绳软连接,提升架上端面距大钩0.7米)安装导轨,导轨与吊臂连接完毕后,副司钻和井

架工上井架拆卸顶驱导轨提升架固定锁销,副司钻进入提升架内拆卸提升架固定锁销(长64毫米,直径12毫米),第一次未拆掉,副司钻从井架下到钻台,询问钻台大班如何拆除后,再次上井架进入提升架拆除固定锁销,此时井架工站在井架梯子上协助副司钻递送工具。

8时40分,提升架固定锁销拆除,副司钻坐在提升架内示意下放游钩,司钻操作刹把,开始下放游钩。当提升架下行至第一节与第二节顶驱导轨的连接处时,提升架突然卡住,游钩继续下行,副司钻被压在游钩与提升架之间,后脑受挤压,从提升架内跌出,安全带将其挂在空中,现场人员立即组织抢救,将其救下钻台,送某县医院,经抢救无效死亡。

二、事故原因

(一)直接原因

设备运行出现故障,顶驱导轨提升架沿导轨下行遇卡后,游车继续下行,挤压副司钻后脑部,致其死亡。

(二)间接原因

1. 安装操作不当,顶驱提升架固定锁销作用是运输搬

第四章
典型工业生产安全事故分析

迁过程固定导轨与提升架。但在设备安装前,应先将提升架固定锁销拆除,再安装导轨。

2. 违章操作。副司钻拆掉顶驱提升架固定锁销后,试图直接乘坐提升架下到钻台,副队长指挥司钻操作刹把送副司钻下井架,违反《顶驱安装操作步骤及注意事项》中"严禁搭乘顶驱导轨提升架,避免人员伤害"的规定。

3. 提升架受外力遇卡。由于提升架与大钩之间用单根钢丝绳连接,属不稳定状态。提升架坐人后,重心发生偏移,产生翻转力矩,使得提升架紧贴导轨。当提升架下行至导轨接口处,发生刮卡。

(三)管理原因

1. 设备存在严重缺陷,使用时限已过,VARCO厂家不再负责安装调试顶部驱动装置培训的情况下,盲目聘请其他服务公司安装,造成安装操作程序存在严重安全隐患。

2. 现场人员风险识别能力不强。在生产施工过程中对使用新设备、新工艺存在的风险识别不全面,没有发现存在的风险,盲目操作。

3. 现场作业人员严重违章。施工现场有章不循,有禁不止。副司钻违章乘坐提升架下井架,副队长、司钻不但没有制止,反而共同违章指挥和操作。

4. 施工作业现场安全监督管理不到位。施工作业现场安全管理松懈,规章制度不落实,监督不到位,监督人员工作失职,对搭乘提升架下井架的违章行为没及时制止。

5. 安全教育不到位。施工作业人员的安全教育和培训不到位,致使岗位工人安全意识淡薄,思想麻痹,对本岗位操作的重要性认识不足,心存侥幸心理。

三、点评

该事故是钻井队在设备安装过程中,因违章操作发生的物体打击事故。事故反映出该公司在顶驱设备管理上,没有掌握正确的安装、使用、维护和检修方法,没有科学规范的设备安全操作规程和技术要求,在设备管理和制度建设上还不到位。对安全生产的有关规定、制度、措施在贯彻执行上还不到位,对集团公司提出的"不安全就不生产,不安全就不投产,不安全就不建设"的工作要求没有严格落实。该事故再一次警示我们:"安全第一贵在坚持,安全管理贵在到位,安全责任贵在落实,安全监督贵在严格。"

案例四:设备设施不完好,"T"型棒脱落砸死人

一、事故经过

2008年10月23日17时30分,某公司测井队接到钻井队通知,18时出发,20时30分到达井场。首先,测井队井口工甲在钻井队钻工的配合下,在钻井队吊卡上安装了用于悬挂测井天滑轮的"T"型棒,然后是测井队井口工乙带张力计上到钻台协助甲联结天滑轮,安装地滑轮,测井队队长和井口组长抬仪器、拉电缆。钻井队司钻将吊卡以及悬挂的测井天滑轮上提到约井架二层台的高度。然后,测井队开始主仪器串测井作业。

当自井底上提主仪器串电测至井深900米时,测井队队长发现中感应曲线不正常。由于现场只有一支感应仪器,在

第四章
典型工业生产安全事故分析

汇报调度室后,测井队队长到附近施工的测井队去借感应仪器,同时,安排测井队起出井内仪器,准备先测辅仪器串。22时30分,测井队队长乘坐工程车出发去取仪器,23时10分左右,主串仪器起出井口,井口组长带领井口工甲、乙分3次将主串拆卸完毕后,开始换接辅串仪器。仪器接好后,井口工甲站在转盘上井口左侧等待扶仪器入井,井口工乙站在钻台上大门坡道口左侧准备扶仪器上钻台,井口组长在钻台下拉仪器。当测井绞车刚把辅串仪器前部提离地面1米左右时(仪器尾部没有离开地面),悬挂测井天滑轮的钻井吊卡活门突然打开,挂在钻井吊卡上的"T"型棒脱落,与"T"型棒串联在一起的张力计、天滑轮及测井电缆一同从井架二层台的高度坠落,直接砸向站在钻盘上的井口工甲头顶。在高空落物巨大的冲击力下,井口工甲从转盘摔落到转盘左侧钻台上当场昏迷,其头上的安全帽被砸裂、帽衬断裂,经抢救无效死亡。

二、事故原因

(一)直接原因

钻井吊卡活门在测井仪器上钻台过程中突然打开,致使悬挂于钻井吊卡上的测井用"T"型棒及其下挂的张力计、天滑轮、电缆线等从高空坠落,砸到站在钻盘上准备接仪器的测井队井口工甲头顶,因伤势过重,经抢救无效死亡。

(二)间接原因

1. 钻井队吊卡与测井队"T"型棒的联结存在隐患。一是钻井队吊卡陈旧、保养欠佳,吊卡活门的自锁机构伸缩不灵活,致使吊卡活门不易被关到锁死状态;二是测井队的"T"型棒在联结到吊卡上时,没有加装防脱索具,没有对这种联结可能出现的意外情况加强安全防护措施;三是钻井队大绳在起升中出现打扭,钻井吊卡在承受负荷变化和扭力作用下发生转动,再加上"T"型棒的跳动,吊卡活门被震开。

2. 作业场所存在隐患,员工违章。钻台上的工具、绳索摆放杂乱,直径1.25米的转盘被安装的高出钻台0.88米,不利于井口作业,当有异常情况时,井口作业人员也无法及时逃生;井口工甲站在窄小转盘平面上,扶持仪器出、入井口,违反了"严禁人员站在转盘上"的作业规定,结果被天滑轮等落物击中。

3. 夜间施工作业,视线不好,精力不集中,给测井作业带来不利影响。

(三)管理原因

1. 钻井队伍设备简陋,工作现场较乱,存在不安全因素。在该产能建设项目组,煤矿用钻机用于钻井的有10部,其装备配套规范与油田专用钻机存在差别,配套标准和管理规范急需完善。

2. 责任主体不明确,缺乏必要的沟通与工作协调。在测井时,钻井队没有专门人员监护、观察包括钻井吊卡在内的钻井设备和工具;测井队人员对钻井悬吊工具的性能、工作状态以及可靠性等问题疏于检查。

3. 风险意识和员工自我保护意识差。对现场作业安全隐患认识不足,对吊卡活门关闭情况没有认真确认,对"T"型棒脱落带来的后果严重性分析不到位,没有采取严格的安全防范措施。

4. 对队伍能力管理和过程监督不足。油田公司有关业务管理部门和监督部门,对工程技术服务队伍管理,存在着重资质审查,轻能力和过程管理现象,尤其是降低了对民营队伍的标准要求,对现场管理混乱、设备设施隐患等问题治理不严。

5. 管理不适应,民营钻井队装备、管理及人员素质与油田安全管理要求存在差距。油田公司产建工作量迅速增大,造成作业队伍严重短缺,外雇民营队伍迅速进入油田工程服务市场,装备配套跟不上,设施简陋、配套能力差,工具及辅助生产设施不同程度地存在安全隐患,人员素质和管理水平也参差不齐,在一定程度上给管理和监督增加了难度。

三、点评

该事故是在钻井过程中钻井队配合测井队在连接测井仪器操作时,吊卡脱开天滑轮坠落而发生的一起物体打击事故。该起事故再一次要求我们在钻井测井过程应对每个岗位、每道工序进行危害因素识别和评估,应针对识别出的危害因素制定控制措施。同时还应加强员工安全培训教育,加强钻井与测井相互之间的沟通与交流,特别是需要相互配合的作业环节,加强联合检查。了解相关方的风险辨识结果和防范措施,制定周密的施工方案,明确各方责任义务。该事故给钻井和测井队安全警示:"走在企业生产的道路上,安全是最坚实、最可靠的铺路石。"

案例五:钻井套管滑落,无辜者被砸离世

一、事故经过

2008年11月16日,某公司钻井队进行钻井作业。21时左右进行下套管作业,司钻操作刹把,副司钻操作气动绞车,钻井液工在场地挂绳套。17日2时25分左右,套管下至井深800m,钻井液工用钢丝绳套挂好第71#套管后,示意副司钻操作气动绞车上提套管。当套管上提到离钻台面1米左右时,套管母扣端碰到坡道上,导致绳套脱开套管滑落,砸到站在坡道旁边的泥浆工头部,经抢救无效死亡。

二、事故原因

（一）直接原因

气动绞车操作人员一次性将套管提升过高、速度过快，当套管母扣端碰到大门坡道后产生较大震动、摆动，使钢丝绳套与套管脱开，套管失去控制后自由倒下，且钻井液工没有及时撤离危险区域、站位不当，是导致事故的直接原因。

（二）间接原因

1. 副司钻在系绳套人员未撤离危险区域内的情况下，违章操作气动绞车上提套管。

2. 现场人员违反规定使用钢丝绳套作为吊套管的索具，且在套管外壁结霜而没有进行除霜处理的情况下进行作业，间接引发绳套与套管脱开。

（三）管理原因

1. 操作规程和管理制度执行不到位。钻井队作业员工在下套管作业中没有严格执行钻井队"岗位 HSE 作业指导书"中的"用吊带拴挂套管，小绞车拉紧吊带后，人员撤离到安全位置，接到提升信号方可进行提升"的规定，以及危险作业审批文件中的"套管上钻台过程中要控制好速度，防止碰伤人员"的要求进行作业。

2. 班前会活动流于形式。该队在召开当班的班前会中，值班干部仅提示大家"要注意安全、平稳操作、注意配合"，没有针对下套管作业存在的风险明确相应的防范措施，并向员工进行交底和教育，致使员工在操作中未能严格遵守制度、规程。

3. 现场监督纠正不到位。现场操作人员对施工现场存在的"套管外壁结霜、使用钢丝绳套、人员站位不当、提升套管前未提示、上提套管速度过快"等违章行为视而不见,没有任何人提出质疑并当场进行纠正。

4. 对起重索具使用管理不到位。公司明确规定在下套管作业时,必须使用专用吊带起吊,并且公司针对曾经发生的类似事故,专门下发了《关于切实加强吊装作业过程监控和开展专项检查的通知》文件,组织各单位对起重索具进行全面检查和规范,但该单位没有按照规定及时为钻井队配备专用吊带。

5. 生产组织安排不到位。该队在组织生产、分配工作任务上,没有针对具体施工任务合理安排作业人员,而是随便安排泥浆工违章在场地上挂绳套,违反规定,随意调换岗位。

三、点评

该事故是在钻井进行下套管作业时,现场人员违章操作导致的物体打击亡人事故。从该起事故的教训中要求我们必须一是要提高全员的风险意识,加强风险管理,在施工作业之前组织相关人员对各个作业过程、设备设施和环境进行危害因素识别评价,及时制定和落实风险控制措施;二是要规范起吊作业行为,严禁在作业人员没有撤离危险区域情况下进行起吊作业;三是要加强作业过程管理,各作业人员要加强协作和配合,对于身边的违章行为要及时提醒和纠正,切实做到"三不伤害"。该事故给我们的警示是:"安全思想要严肃,安全管理要严格,安全制度要严密,安全组织要严谨,安全纪律要严明。"

第四章
典型工业生产安全事故分析

第六节 坍塌事故

坍塌事故是指建筑物、构筑物、堆置物等物体在外力和重力的作用下,超过自身极限强度而破坏,结构稳定失衡塌落而造成物体高处坠落、物体打击、挤压伤害及窒息等事故。适用于因设计或施工不合理造成的倒塌;以及土方、砂石、煤等发生的塌陷事故,如建筑物倒塌、脚手架倒塌;挖掘沟坑、洞时土石的塌方等事故。不适用于矿山冒顶片帮事故,或因爆炸、爆破引起的坍塌事故。

案例一:无资质冒险施工,罩棚坍塌送了命

一、事故经过

某销售公司经营部委托当地某建筑安装有限责任公司拆除某加油站旧混凝土罩棚,双方签订了《工程服务安全生产合同书》。该安装公司又将该工程委托给某施工方施工。

该工程于2007年7月13日动工。7月20日,工程只剩4根混凝土支撑柱和4根混凝土梁未拆除。9时许,施工人骑在梁上切割钢筋,10时左右,结构轰然倒塌,骑在梁上的施工人随梁坠下被挤在锯断的两根混凝土梁中间,经医院抢救无效死亡。

安全经验分享
知识读本

二、事故原因

（一）直接原因

施工人违反"无论在什么场所,都要避免在被拆除的建筑物或结构上进行拆除作业"的规定,并使用手工工具操作,违规锯断混凝土梁导致坍塌。

（二）间接原因

1. 承包单位缺乏安全操作知识,对现场拆除工作缺乏检查和支持。缺少安全防护设施,拆除3米多高的钢筋混凝土建筑物没有任何安全防护措施,拆除工具简单,不具备承担拆除工程的能力。

2. 经营部安全监督力度不够,缺乏工程专业安全知识,对于高处作业没有采取相应安全措施,对违规作业制止不力。

（三）管理原因

1. 安全意识不到位,安全责任落实不够。该公司和经营部的领导对该项工程存在的危害因素没有引起高度重视,没有将该项目的安全责任真正落到实处,在施工安全管理和安全监督方面留下了隐患。

2. 对施工单位的准入资格把关不严,选用了不具备资质的拆除队伍。按照《建筑拆除工程安全技术规范》要求,建设单位应将拆除工程发包给具有相应资质等级的施工单位。建筑拆除工程必须由具备"爆破或拆除专业承包资质"的单位施工。但承揽此项工程的某建筑安装公司仅具有房屋建筑工程资质,没有拆除专业资质。

3. 对高空作业的有关规定学习落实不够。公司和经营部有关人员不知道《高处作业分级》和《拆除工程施工安全规定》中的有关要求,导致对施工方案不能做到有效审核把关。

4. 对施工过程的安全监督不到位,违章操作行为没有得到有效遏制。经营部虽然在施工现场派驻了安全监督人员,但其缺乏建筑拆除作业方面的安全知识,对施工人登高作业不采取安全防护的违章操作行为,只进行了口头提醒,没有采取强制措施进行有效制止。

5. HSE 管理体系的有关要求没有得到有效执行。HSE 管理体系明确要求,油库、加油站进行危险作业时必须制定作业计划书,对存在的风险开展分析评估,制定有效的安全防范措施,但这些规定和要求在事故加油站拆除工程中没有得到认真执行。

三、点评

该事故是承包商无资质承揽拆除工程,违章拆除作业导致的坍塌亡人事故。暴露出企业对承包商管理失控。因此,建设单位应加强对承包商资质、工程合同、安全合同、施工作业人员(特别是特种作业人员)资质评审,同时检查施工单位机具、用料是否合格,是否执行"两书一表"。坚决清除不合格的施工队伍。该事故警示:"勤查勤检,消除隐患;一时疏忽,必出事故"。

案例二:违章指挥作业,管沟坍塌人亡

一、事故经过

7月22日,某综合服务公司水暖二队队长带领维修班五名员工、锅炉班三名员工和一名挖掘机驾车人,到家属区处理下水主干线堵塞问题。先用挖掘机挖沟,沟长约8米、宽约1.2米、深约3.3米,后由人工轮流挖至局部沟深约4米,露出水泥排水管线。13时30分左右,在管线上打出第二个孔,发现有堵塞物,沟内一名维修工和一名锅炉工用手和铁钎清理堵塞物。作业中,沟帮突然发生局部坍塌,将两人埋在土里,经抢救无效死亡。

二、事故原因

（一）直接原因

施工中，用挖掘机挖管线沟，人员在管线上打孔清除堵塞物，由于管沟紧邻公路，经常有车辆通过，沟壁因震动土质产生松动，并且管沟放坡不够，又未采取防塌方安全措施，致使靠近公路一侧管沟沟帮突然发生局部坍塌，将沟下作业人员埋在土里，导致两人死亡。

（二）间接原因

1. 在管沟未采取防塌方安全措施的情况下，队长违章指挥工人到深约4米、宽约1.2米的管沟下作业。

2. 基层队干部安全意识淡薄，安全知识和实际生产经验匮乏，进入有限空间作业前，没有充分识别和评估施工风险，没有执行有关的许可审批制度。

（三）管理原因

1. 基层站队规章制度执行不严格。对于非常规施工没有结合施工项目实际制订施工方案并经许可和确认，也没有制定和采取相应的安全防护措施。施工前和施工过程中，没有认真开展安全检查，没有发现施工环境的不安全因素。

2. 基层站队安全生产管理不到位。施工前，队干部没有专门组织召开安全会议，对施工人员没有进行安全技术交底。岗位员工自我保护、相互监护和群体防护意识差。

三、点评

该事故是施工单位干部安全意识淡薄，违章指挥作业导致的坍塌亡人事故。暴露出施工单位安全生产管理缺失，安全规章制度执行不严格的问题。因此,企业应强化基层干部、员工的安全教育培训,提高风险识别控制能力;加强对基层干部安全考核,严格执行有限空间作业审批许可制度,切实做到"工作有计划、行动有方案、步步有确认、事后有总结"的四有工作法要求。该事故启示我们:"贯彻规程,先靠领导;落实规程,要靠自己。"

案例三:盲目抢工期,员工命归西

一、事故经过

2007年9月27日,某工程建设公司焊接二机组,在某项目,进行两个桩之间管线焊接作业。机组管工班班长甲、管工乙、电焊工丙等四人,在沟下进行管道组对焊接作业,机组成员在沟上监护,甲方监理也在沟上监督。

13时10分,甲、乙、丙等四人在沟下进行拆卸管道外对口器时,沟上监护人员发现管道南侧滑坡,便大声呼叫塌方快撤,并同时用挖掘机鸣笛。站在管道北侧作业的两人和正在管道上方作业的丙闻讯向管沟北侧上方撤离,正在管沟南侧弯身作业的甲,被突然滑坡的土石方埋在下面。现场人员立即抢险施救,救出后立即送往医院,经抢救无效死亡。

二、事故原因

(一)直接原因

造成这次事故的直接原因是山体滑坡。由于滑坡发生太突然,尽管监护人员发出警报,受害人未能脱险。

第四章
典型工业生产安全事故分析

(二)间接原因

1. 造成山体滑坡的主要原因,是管沟开挖完成后,由于村民阻挡未能及时进行管道铺设施工。

2. 经过现场勘查,发生滑坡部位,滑坡前管沟壁为大块泥岩层剖面,滑坡后发现内层为松散的砾石泥岩剖面,这说明山体开挖的沟壁表层和里层土质不同,表层坚实里层疏松。

(三)管理原因

1. 盲目抢工期。施工管理人员虽然对现场监护人作出了安排,但为了节省时间,没有对施工环境进行认真检查,没有发现施工环境的不安全因素,也没有对所采取的措施从技术上进行可行性论证。

2. 风险意识差。在本身存在高风险的环境条件下作业,危害辨识不全面,风险评估不准确,控制措施不具体。考虑生产多、安全少;口头说教多、措施少;关心进度多、风险少。

三、点评

该事故客观上是因为山体滑坡导致的亡人事故。但主观上是施工单位对风险识别不到位,事故隐患没有及时排查和消除,防护措施缺失,造成人员伤亡的严重后果。因此,施工作业应认真开展安全五查活动。一查思想,是否牢固树立了安全第一;二查措施,是否做到了万无一失;三查风险,是否进行了全面透彻的风险识别;四查隐患,是否从岗位发现开始,逐级坚持了隐患排查、风险削减制度;五查制度,是否按标准规范施工作业,狠反"三违"行为。该事故警示我们:"安全检查,不可中断;安全防范,不可忽视。"

第七节 中毒和窒息事故

中毒和窒息是指在生产条件下,有毒物进入人体引起危及生命的急性中毒以及在缺氧条件下,发生的窒息事故。适用于有毒物经呼吸道和皮肤、消化道进入人体引起的急性中毒和窒息事故,也包括在废弃的坑道、竖井、涵洞中、地下管道等不通风的地方工作,因为氧气缺乏,发生晕倒甚至死亡的事故。不适用于病理变化导致的中毒和窒息事故,也不适用于慢性中毒的职业病导致的死亡。

在工业生产亡人事故中,中毒和窒息往往同时发生。中毒和窒息事故是有限空间危险作业的常发事故之一,多发生在封闭或半封闭设备,地上有限空间和地下有限空间,施害物主要为硫化氢、一氧化碳、二氧化碳、氨和甲烷(沼气)等。

案例一:阀井内违章作业导致伤亡事故

一、事故经过

2007年7月25日14时30分,某水处理厂中控室接到换热器冷却水量不够、请求增加水量的通知。15时35分左右,单元长带领两名当班人员去操作某阀门井。

15时50分左右,值班长巡检过程中,发现远处(约60米外)该水管线阀门井盖已打开,井旁有一顶安全帽,即到井口查看,发现里面有三人昏倒,立即施救。一人经抢救无效死亡,两人受伤。

二、事故原因

(一)直接原因

该阀门井内氧含量过低,造成进入井下的人员窒息伤亡。

(二)间接原因

1. 严重违反《进入有限空间作业安全管理规定》。在进入该阀门井操作前,作业人员没有办理《进入有限空间作业许可证》、未进行气体检测分析、也没有采取任何防护措施,擅自进入井下作业。特别是单元长带头违章作业,严重违反了《进入有限空间作业安全管理规定》等相关规定与要求。

2. 应急处置不当。在下井人员出现窒息昏迷紧急情况后,没有采取有效的安全施救措施,慌忙进入井内救人,导致事故扩大。

（三）管理原因

1. 违章指挥。正常的工作程序是单元长接到工艺调整调指令后，将需要操作的内容交代给当班值班长，值班长再安排当班操作人员进行相关操作。而单元长没有和值班长交代工作，直接带领人员去操作阀门，并且没有办理"许可证"，也没有分析，属于严重的违章指挥。

2. 员工存在侥幸心理。7月11日水处理厂人员曾进入该阀门井进行操作，当时办理的"许可证"上检测氧含量为20.2%。此次下井操作，从操作工到单元长认为间隔时间不长，就没有再进行分析检验，存在麻痹大意思想。

三、点评

该事故是员工违反进入有限空间作业许可，违章作业而导致的亡人事故。对此企业安全管理方面应加大安全生产责任制落实、夯实安全基础工作，加大全员工的安全教育培训，提高风险识别控制能力和全员应对突发事件的能力，严格执行有限空间作业审批许可制度，狠反"三违"行为，杜绝有章不循、有令不禁的现象。该事故警示我们："违反规程，祸不单行；措施到位，安而无危。"

案例二：小小阀门很重要，发生故障不得了

一、事故经过

2007年8月下旬，某化工公司计划对油品车间 $1^{\#}$、$3^{\#}$ 石脑油罐（均为内浮顶罐）内壁实施防腐，选择了具备资质的某

设备防护有限公司承包此项目。设备防护有限公司于10月1日开始组织施工。

10月7日14时许,设备防护有限公司员工甲、乙等五人在3#罐继续进行罐内喷沙除锈作业。首先启动压缩机,打开供呼吸软管的控制阀门,甲、乙二人佩戴好呼吸护罩进罐进行喷沙作业。按内部约定,罐外人员听到罐内作业人员敲打一下罐壁时,就打开送气阀门,听到敲打二下罐壁时,就打开供沙阀门。

供气7分钟左右,罐外人员发现沙罐里面沙子不再向下流动,就关闭送沙阀门等待(以前曾出现过喷沙管头堵塞的现象,由喷沙作业人员自行用铁线通开,敲打两下罐壁发出要沙的信号,正常情况10分钟左右可以通开)。20多分钟后,罐外人员见无动静,关闭另一沙罐的控制阀门,并到3#罐的人孔查看罐内情况,发现甲、乙二人倒在罐底,经抢救无效死亡。

二、事故原因

(一)直接原因

设备防护有限公司在进行喷沙除锈作业过程中,因空气控制阀门有故障(阀芯脱落),导致不能供给罐内佩戴呼吸护罩的喷沙作业人员空气。

(二)间接原因

1. 设备防护有限公司安全教育培训不够,从事喷沙作业的人员缺乏安全意识。

2. 设备防护有限公司规章制度不健全,未对呼吸罩、空气控制阀门及供人呼吸的管线进行检查。

3. 公司对外委维修项目施工现场监督不到位。

(三)管理原因

1. 在安全管理上存在麻痹大意思想。安全防护,人员培训等方面没有做到位。

2. 施工监管不到位。公司对外来施工队伍的管理以及基建工程、维修工程的现场管理,没有像抓生产安全那样予以足够重视,有的环节还存在疏漏。

3. "谁主管、谁负责"的原则没有得到很好的落实。项目管理部门以及项目负责人安全意识淡薄,只注重项目的进度和质量,忽视了安全监管。

三、点评

该事故是在有限空间作业因安全设备设施存在隐患未及时发现导致的亡人事故。暴露出建设单位安全管理方面存在漏洞。因此,要严格落实"谁主管,谁负责"原则,强化各岗位安全生产责任制的落实。建设单位应对施工单位的内部安全管理体制、机制以及施工机具是否符合安全要求进行监督检查。彻底排查进厂施工单位的从业资质、施工能力和设备设施是否满足要求,凡不符合要求的施工企业一律清除出厂。该事故警示我们:"安全生产勿侥幸,违章蛮干要人命。"

案例三:防护措施不到位,二死二伤难辞咎

一、事故经过

2008年8月26日,某建设有限公司承担某污水池维修项目,施工单位现场作业人员没有按照8月25日监理通知关于"施工操作人员的劳保用品未配备齐全,安全措施未落实到位,要求施工单位立即进行整改"的要求进行整改,并且在未向监理单位报告的情况下,继续对污水池进行表面防腐涂层作业。

8时30分,施工作业人员甲、乙、丙、丁首先在该井井场外用二甲苯(香蕉水)、环氧树脂、环氧树脂固化剂现场配制使用的防腐涂料。

9时30分左右,施工作业人员将防腐涂料、作业工具带至该井污水池作业现场开始作业。由甲、乙、丙三人下至污水池底涂刷防腐涂料,作业人员丁在污水池上方负责现场监护。

10时35分左右,作业人员丁去该井库房取工具和施工材料。10时47分,其返回污水池作业现场后,突然发现甲、乙、丙三人倒在污水池底,处于昏迷状态。丁立即大声呼救并下入池底施救,将甲背出后也出现轻度昏迷,无法继续施救。

听到呼救后,该井员工立即向检修现场值班的作业部安

全办主任汇报,主任立即带领在净化厂检修现场值班的救护车、医院医护人员赶赴现场施救。施救人员佩戴防毒面具下池底将乙、丙救出,医护人员立即对中毒人员进行了检查和急救处理。

经现场医护人员检查,甲、乙二人已死亡;丙处于浅昏迷状态;丁意识清晰,轻度头晕。本次事故造成二人死亡,一人重伤,一人轻伤。

二、事故原因

(一)直接原因

根据当地省级计量质量检验研究院的分析,送检防渗涂料中苯含量达31.4%。苯中毒是此次事故的直接原因。

(二)间接原因

1. 该井污水池表面防腐涂层作业时,施工单位没有按

第四章
典型工业生产安全事故分析

照要求对作业现场进行强制通风;同时因避免雨水对涂层的影响,施工单位在污水池上方用彩条布搭建了约2米高的防雨棚,不利于涂料中挥发出的有毒气体扩散。

2. 施工作业人员没有佩戴必要的防毒面具等劳动防护用品。

(三)管理原因

1. 施工单位安全意识淡薄。某建设有限公司现场负责人,未按照HSE管理合同的提示对有毒物质采取必需的防护对策措施,且在工程交底会议、工地例会和监理人员多次提出必须保证施工现场空气畅通后,仍然没有加强现场通风。

2. 施工作业人员安全培训不到位,风险意识、自我保护意识不强,应急处置能力差。

三、点评

该事故是在有限空间作业因施工单位严重违章导致的亡人事故。暴露出企业在对承包商使用化学品的监管上还存在缺陷。因此,企业应进一步强化对承包商作业过程的安全监管,认真执行承包商施工项目开工条件检查确认制度,对不具备开工条件的坚决不允许其作业;对不按照施工作业要求作业的承包商和多次风险提示后仍拒不整改的承包商,坚决驱逐出公司市场。该事故启示我们要有效地防范事故的发生,应做到"勤查勤检,才能消除隐患;常抓不懈,才能防微杜渐。"

案例四：擅自滞留空分采暖泵站，一氧化碳泄漏两人中毒

一、事故经过

2008年1月19日12时12分，某化肥厂调度室接到合成氨车间值班长汇报："合成氨装置500单元甲醇再生塔蒸汽流量波动大，怀疑低压蒸汽中可能含有可燃气。"

厂调度室立即联系合成氨车间化验室，核对上午10时蒸汽系统各监测点的分析结果，确认无可燃气；安排化验室再次对蒸汽管网进行取样分析，做进一步确认。

同时，向工厂领导汇报合成氨的生产情况，启动《蒸汽系统安全运行应急预案》，通知食堂、硝酸车间、综合车间等内部单位及驻厂外单位停止使用低压蒸汽。

合成氨装置E2411和E0405分别副产低压蒸汽，根据以往经验，初步判断E2411发生泄漏，蒸汽中含有可燃气体。

合成氨车间开始组织将低压蒸汽发生器E2411自产的部分低压蒸汽排向火炬。随后，T0504塔运行工况有所好转。

12时50分，合成氨化验室报出E2411监测点分析结果，显示可燃气（$CO+H_2$）已超测爆仪量程，最终确认低压蒸汽发生器E2411内漏。

合成氨车间立即组织将E2411自产蒸汽全部排向火炬。

经调查，水汽车间巡线工甲、乙，在值班长未安排工作情况下，于11时40分左右离开车间调度室；期间，值班长多次联系甲、乙，均未应答。14时21分，安排班长丙、丁寻找二人。14时40分,找到空分采暖泵站,发现房门关闭。二人打开房门进入泵站,发现乙在正前方闲置更衣间内,头朝北身体呈蜷曲状跪倒在地,且口中有呕吐物,将其抬至室外,实施现场急救。丁又进屋找人,发现甲在闲置的工休间内,靠近窗口处面朝门、手握手机,呈侧卧状倒地,且口中有呕吐物。两人经送医院抢救无效死亡。

二、事故原因

（一）直接原因

二人为长时间处于有毒气体一氧化碳环境,导致中毒死亡。一氧化碳来自合成氨 E2411 泄漏。合成氨装置自产低压蒸汽并入厂低压蒸汽管网,低压蒸汽管网疏水及部分用户凝液排入厂西 10#线,致使一氧化碳随低压蒸汽疏水及凝液进入西 10#线,由于空分采暖泵站内地漏与西 10#线相连,一氧化碳从地漏串入室内。

（二）间接原因

1. 应急管理有缺陷。通过回放厂调度室调度指令录音电话,下达合成氨装置生产异常调度指令时,应将"合成氨装置生产异常原因及可能造成的影响、危害"传达给相关的单位、部门,而通知水汽调度室指令为"合成氨蒸汽又出问题了",水汽车间调度室也未向厂调度室核实,未采取相应的应急措施。

2. 在组织处理可燃气体、有毒气体串入低压蒸汽管网过程中风险识别不到位,对边远岗位应急防控措施考虑不周。

3. 岗位职责履行不到位。当班值班长对较长时间失去行踪且联系不上的班组成员,没有及时寻找并上报车间,说明对本班岗位人员没有履行有效的监督管理职责。

4. 劳动纪律管理松懈,员工自我约束力低。甲、乙二人11时40分左右离开水汽调度室,在非巡检时间、非巡检部位(闲置房间内)长时间滞留,属于严重违纪行为。

5. 规章制度执行不到位。在《水汽车间巡回检查规定》和《水汽车间2007年冬季安全生产方案》中对巡检提出明确要求,规定巡线工要每四小时巡检一次、不能在采暖泵房内休息、必须骑车巡检等。而通过查阅水汽车间巡线岗位巡检记录,发现从1月1日至18日每班只记录一次巡检结果,而19日白班未记录,且检查人、确认人已经提前签字。

6. 设备管理存在漏洞。合成氨装置低压蒸汽发生器E2411自2003年12月投用以来,已发生四次泄漏,没有得到彻底根治。

(三)管理原因

1. 对三年一大修临近期高风险的认识不足,E2411发生泄漏,未能采取有效措施,及时消除这一重大设备隐患。

第四章
典型工业生产安全事故分析

2. 设备、设施不完备,存在重大风险。空分采暖泵站内的地漏与10号线直接连通,不符合规范要求,没有按规范要求设置水封,致使地下管网内的有毒气体串入室内。

3. 对与生产岗位相连的闲置厂房疏于管理。没有对闲置房间采取封闭管理,没有清理现场与工作无关的物品,如在空分采暖泵站闲置房间内放有桌子、椅子等物品。

4. 现场通信设施不完善。对于边远岗位特别是非防爆区域的边远岗位没有配备必要的通信设施。

5. 应急预案不完善,启动不完全。工厂《蒸汽系统安全运行应急预案》中,缺少对水汽车间等边远岗位的相关内容,启动应急预案后,信息传递不准确、不全面;对下达的指令没有跟踪确认。

6. 员工安全意识不强,自我保护意识差。员工进入空分采暖泵站没有意识到存在的中毒风险,没有采取通风和个体防护措施。

7. 对有毒气体串入低压蒸汽系统可能带来的风险识别不充分,没有认识到有毒气体会从采暖泵房地漏串出。

8. 风险削减措施落实不到位。针对低压蒸汽中曾串入有毒气体,没有在低压蒸汽用户末端设置必要的监测设施。

9. 生产受控管理制度执行不到位,工艺纪律执行不严、记录不规范。新版操作规程按公司要求已经审批印刷完毕,应于2007年3月1日起下发到岗位执行,但该岗位到事发时仍在执行2005年版操作规程。

10. 信息传递不及时。按照公司《生产信息传递与汇报管理规定》要求,生产中任何异常和波动必须及时逐级汇报,合成氨装置出现生产波动一小时后才通报公司调度中心。

11. 节假日、双休息日安全生产管理懈怠。通过此事故可以看出,在生产出现波动的处理过程中,调度指令下达、信息通报、应急反应、值班人员和在岗人员的责任心等都表现出了存在松懈、不严肃的现象。

12. 蒸汽凝液排放不符合规范要求。按规范要求排入清净下水管网中的凝液温度不允许超过40℃,而现场有蒸汽夹带的有毒气体进入10号线并泄漏。

13. 员工教育和培训有待于加强。通过事故反映出在应急响应、措施落实、规章制度执行等方面存在问题,暴露出员工的教育和培训存在针对性不强、效果不佳等。

14. 岗位劳动纪律不严。公司虽然对劳动纪律有明确要求,但检查考核不到位,执行不严格。

15. 员工队伍素质参差不齐,部分员工自我约束力低。工作责任心差。

16. 领导干部工作作风不扎实。工厂、科室和车间领导没有按照《干部走动式管理规定》的要求,认真履行工作职责,忽视对边远岗位管理,检查流于形式。

三、点评

该事故是因为一氧化碳泄漏,员工违反劳动纪律导致的亡人事故。暴露出企业安全管理存在缺陷。因此,企业应进一步加大安全隐患的排查治理力度,同时要重点对工艺纪律、劳动纪律、岗位责任制、巡检方式、巡检制度、应急预案、设备设施、防中毒措施落实及"反三违"等方面进行检查考核。该事故警示我们:"如果要想将生命延续,必须从遵章守纪的一点一滴做起"。

第四章
典型工业生产安全事故分析

案例五：现场管理疏忽大意，一条生命轻易离去

一、事故经过

2008年11月6日10时05分，某公司丙烯腈车间岗位操作工甲发现该装置合成泵房 AA-1202 pH 计仪表测量值不准，打电话向仪表维护人员报修，仪表维护工乙接电话后于10时20分到现场查看情况。10时22分丙烯腈车间巡检人员丙发现乙一个人在现场正在修表，并看见一股液体从箱子上面溅出来，乙忽然站起来，又蹲下去关阀。巡检完毕，丙自行离去，没有反馈信息。

10时22分，主控室 AA-1202 pH 计仪表测量值、氢氰酸报警仪监测值发生变化，岗位人员没有在意；11时和12时，巡检人员没有发现乙。

13时13分，丙烯腈车间岗位人员丁在合成泵房正常巡检时到达 AA-1202 pH 计仪表柜附近，发现乙趴在地上，立即报驻厂急救中心，经送医院抢救无效死亡。

二、事故原因

(一)直接原因

在对 AA-1202pH 计仪表进行处理时,有氢氰酸泄漏造成维修人员中毒死亡。

(二)间接原因

1. 违反检修管理规定。接到报修电话后未通知仪表车间和丙烯腈车间有关人员,单独一人、无人监护、未开工作票,对合成泵房 AA-1202 pH 计仪表进行检查处理,造成中毒后无人救援。

2. 危害因素辨识没有实行动态管理。根据GBZ/T204-2007《高毒物品作业岗位职业病危害信息指南》(卫生部 2007-09-25 发布,2008-03-01 实施),氢氰酸 IDLH 浓度(立即威胁生命或健康的浓度)为 56 毫克每立方米,新标准的发布和实施,没有引起足够重视,没有依据危害因素辨识动态管理原则,对氢氰酸危害性没有重新进行辨识。

(三)管理原因

1. 危害因素辨识不到位,现场没有有毒危害警示标志。丙烯腈车间没有把氢氰酸列入合成泵房存在的危害因素,只是把烫伤、机械伤害识别为合成泵房的作业风险,合成泵房没有"当心中毒"警示标志。

2. 安全管理存在薄弱环节。丙烯腈车间对危险作业未安排专门的现场监护人,装置巡检人员没有按规定进行巡检,造成仪表维护工中毒后长时间没人发现,贻误救治时机。

三、点评

该事故是因为有氢氰酸泄漏造成维修人员中毒亡人的责任事故。暴露出企业风险控制存在缺陷。因此,企业应进一步加大危害因素辨识和控制,严格工作票制度和巡检管理制度的执行,完善应急预案,提高作业人员的风险意识和应急处理能力。该事故应进一步启发教育职工从"要我安全",转变为"我要安全、我会安全"。

案例六:点燃木炭来取暖,一死一伤多遗憾

一、事故经过

2008年11月11日,按照某公司供热站值班人员安排,甲、乙二人于11日17时30分开始接班,在供热站门卫值班室值班。

当日值班干部丙于11日19时30分到供热站值班,在门卫值班室前,简要询问了甲、乙值班情况,在巡检后到办公室看资料。21时30分丙准备上二楼值班室,看见甲、乙二人在值班室。22时30分丙在站值班室给门卫打电话查岗,要求关好站大门,甲答应去做,随后丙在楼内巡检未发现异常,回值班室休息。

11月12日6时40分,供热站驾车人来站准备出车,多次叫门卫没有回应,随后给站长打电话。6时50分,站长赶到站上,用钥匙打开小门进入院内,来到值班室南窗户前,透过玻璃窗看见甲、乙二人在值班室里屋睡觉,站长敲打窗户

并呼喊甲、乙,但没有反应,便立即打开窗户跳入门卫值班室内,发现乙已躺在床上没有知觉,甲还在昏睡,但叫不醒。甲、乙经送医院抢救,一人死亡,一人重伤。

二、事故原因

(一)直接原因

甲、乙二人在夜间值班时,在非采暖期私自点燃木炭取暖(使用洗脸盆盛装),造成一氧化碳中毒。

(二)间接原因

1. 没有建立木炭库管理制度,对木炭的管理不严格,日常巡回检查不到位,未及时发现木炭库房窗户没有插上。同时该站领导干部值班制度存在缺陷,对值班干部没有明确规定具体巡查时间和内容。

2. 值班时未能严格执行规章制度,在值班期间睡岗,违反《集团公司反违章禁令》。同时该供热站站务会明确规定,在非采暖期间,门卫设置双人值班,允许一人休息,必须有一人巡逻,甲、乙二人也未按此规定执行。

(三)管理原因

1. 安全教育不到位,安全意识不强。供热站对员工的安全教育不到位,中毒事故当事人自我防范意识较差,缺乏必要的预防一氧化碳中毒安全常识。

2. 基层干部素质不高,责任心不强。当日值班干部只是在站值班室对门卫进行电话查岗,没有到门卫巡回检查,未及时发现事故当事人点燃木炭取暖的违章行为。

3. 特殊时间、特殊阶段的安全措施不到位。针对秋冬交替季节天气寒冷,员工取暖等情况,没有进行特殊时段的安全教育,没有制定特殊时段危害因素预防管理措施。

三、点评

该事故是因为取暖造成一氧化碳中毒亡人事故,暴露出企业风险控制存在缺陷。因此,企业应强化特殊时期风险管理,牢固树立以人为本抓安全的观念。加强重点领域、要害部位、关键环节和特殊时段的安全监管,针对不同的生产时期、不同的生产季节、不同的生产环节,查找管理、技术、制度及设备设施上存在的缺陷和漏洞,制定有针对性的防控措施,及时消除各类安全隐患。该事故启示:"安全生产,效益之泉;生活安全,欢乐之源。"

第八节 火灾事故

火灾是指在时间和空间上失去控制的燃烧所造成的灾害。

火灾分为A、B、C、D四类:A类火灾是指固体物质火灾,这种物质往往具有有机物性质,一般在燃烧时能产生灼热的余烬,如木材、棉、毛、麻、纸张火灾等;B类火灾是指液体火灾和可熔化的固体火灾,如汽油、煤油、原油、甲醇、乙醇、沥青、石蜡火灾等;C类火灾是指气体火灾,如煤气、天然气、甲烷、乙烷、丙烷、氢气火灾等;D类火灾是指金属火灾,指钾、钠、镁、钛、锆、锂、铝镁合金火灾等。

造成火灾的三要素是指可燃物、助燃物、着火源,预防火灾事故应控制火灾的"三要素",即:

一是控制可燃物,利用不燃或难燃物料取代可燃物料。通风排气降低易燃气体、蒸汽、粉尘浓度,对相互发生化学反应的物质分开存放。

二是隔绝助燃物。就是使可燃物与空气、氧气和其他氧化物分开。

三是控制和消除着火源。在生产过程中控制和消除明火、高温表面、冲击摩擦、自然发热、电火花、静电火花、雷击、光或热的射线以及非生产用火等着火源。在发生火灾时应阻止火势蔓延,把燃烧控制在一定范围不致向外延伸。

第四章
典型工业生产安全事故分析

案例一：冒险检修，引发火灾

一、事故经过

2008年1月7日11时左右,某石化公司维修常减压装置常压蒸馏塔塔顶空气冷却器漏油管束,装置工程师和一名操作工打开堵头泄油,汽油喷溅到二层平台,从二层平台流到减压塔底渣油换热器上起火,造成一人死亡、一人重伤。

二、事故原因

（一）直接原因

减压塔底渣油换热器接管处信号孔渗漏渣油并自燃,引燃了从二层平台流下的汽油,发生火灾,造成了一死一伤的事故。

(二)间接原因

1. 作业票填写不全,措施不落实,作业指导书没有履行审批程序,口头布置检修过程,相关环节确认不够,"四有工作法"没有真正落实,制度执行不到位。

2. 没有认识到表面蒸发式空冷器没有吹扫口、放空口和压力表的特殊性,没有要求专门编写工艺操作卡和检维修作业规程,没有安排现场监督,安全管理薄弱。

(三)管理原因

1. 作业人员安全意识淡薄,缺乏风险意识,对内部带压问题重视不够,没有按车间要求的方案进行处理,冒险蛮干,违章作业。

2. 全员培训的力度不够,针对性不强,效果不佳,造成管理人员的管理理念、管理能力,技术人员的技术素质、业务水平,操作人员的岗位知识、操作技能都不够。

三、点评

该事故是因为操作人员冒险蛮干,违章作业导致的亡人事故。因此,企业要全面剖析事故原因,深刻教育和警醒公司全体员工,牢固树立安全责任主体意识。严格落实"四有工作法",即工作有计划,行动有方案,步步有确认,事后有总结。深入贯彻执行安全管理制度,认真执行操作规程和检维修作业规程,杜绝违章事故的发生。该事故警示我们牢固树立"隐患险于明火,防范胜于救灾,责任重于泰山"的思想。

第四章
典型工业生产安全事故分析

案例二：疏忽大意违章作业，混合碳六油泄漏着火

一、事故经过

2007年8月30日，某石化公司橡胶装置由于原料不足，临时计划聚合、成品单元停工，精制单元循环。根据车间安排，停产期间将混胶罐区5#、6#、9#罐内的油胶退出，倒空罐内混合碳六油，并在退完油胶后对颗粒泵管线的挂胶进行处理。在开始和停止9#罐喷油过程中，作业人员打开罐底采样口阀检查了罐内物料情况。

三班接班后，车间工艺员安排混胶岗操作员对胶液罐进行氮气置换。20时36分，胶液罐区9#胶液罐底着火。某建筑公司正在距防火堤5米处负责精制装置厕所化粪池施工，火灾将从事化粪池施工的一名工人烧伤，经抢救无效死亡。

· 193 ·

二、事故原因

(一)直接原因

9#胶液罐底采样阀门没有关严,使罐内混合碳六油外泄,其中挥发的轻组分从防火堤缺口处扩散,遇启动潜水泵时临时电源产生的电火花发生闪爆着火,火灾造成附近施工的一名工人死亡。

(二)间接原因

1. 装置停工方案操作步骤不详细,工艺员对现场作业缺乏检查和指导,操作人员完成喷油操作后,工艺员没有组织进行详细检查和确认,导致9#罐底采样阀未关严而没有被发现,留下了隐患。

2. 三班混胶岗操作员工作玩忽职守,严重失职,在当班时没有认真巡检,在得知聚合厂房报警器报警后没有进行认真检查确认,没能及时发现混合碳六油泄漏。

3. 罐区防火堤存在缺口,车间没有意识到后果的严重性,没有积极采取措施整改,混合碳六油外泄后挥发的轻组分正是由此缺口蔓延扩散。

(三)管理原因

1. 车间违反了装置开停工过程中不得有施工作业的管理规定,对用电设施管理不规范,在防爆区内使用不防爆的设备。

2. 作业许可制度执行不到位。虽按计划办理了临时用电和用动火证,但没有按用动火证上的要求落实现场的有关措施,也没有在现场情况发生变化时及时停止临时用电作业,给事故的发生埋下了隐患。

3. 隐患治理不及时。车间在隐患排查时已经发现胶液罐区没有安装可燃气报警器,按公司总体计划安排正在陆续进行整改施工,现场已经铺设了报警器电缆,但还没有安装可燃气检测探头。

4. 安全生产责任不落实。领导、管理人员和员工对安全生产工作的重要性认识不足,对自身的职责履行不到位,没有按照直线责任的要求,认真履行属地管理责任。

三、点评

该事故是因为操作人员违章导致的火灾亡人事故。因此,企业应进一步完善、细化操作规程、开停工方案、操作程序卡。加大安全检查力度,重点查安全措施实施情况、工艺纪律执行情况、检修过程安全措施落实情况、可燃气体报警器及压力表等安全附件完好情况,杜绝安全生产事故的发生。该事故提示我们:"无知加大意必危险,防火加警惕保安全。"

第九节 爆炸事故

爆炸是物质由一种状态迅速转变成另一种状态,并在瞬间放出大量能量,同时产生具有声响的现象。爆炸也可视为气体或蒸汽在瞬间剧烈膨胀的现象。

爆炸事故类别在石油行业表现为火药爆炸、锅炉爆炸、容器爆炸及其他爆炸。

火药爆炸:指火药与炸药生产过程中(如配料、运输、贮藏、加工等)发生的爆炸事故。适用于火药与炸药生产过程中，由于震动、明火、摩擦、静电作用，或因炸药的热分解作用，以及贮藏时间过长或存药过多发生化学性爆炸事故；熔炼金属时，废料处理不净，因残存火药或炸药引起的伤亡事故。

锅炉爆炸：指锅炉发生的物理爆炸事故。适用于使用工作压力大于0.7个大气压，以水为介质的蒸汽锅炉，但不适用于铁路机车、船舶上的蒸汽锅炉以及列车电站和船舶电站的蒸汽锅炉。

容器爆炸：指压力容器超压而发生的爆炸。压力容器爆炸包括压力容器破裂引起的气体爆炸。压力容器内盛装的可燃性液化气，因为化学反应失控，或环境温度过高等原因，压力容器的工作压力超过了设计容许的压力，导致压力容器发生物理性破裂，这种破裂对作业环境和作业人员都会产生很大的危害，尤其压力容器溢散出大量高压液化气体立即蒸发，然后与周围的空气混合形成爆炸性气体混合物，其浓度达到一定范围时，遇到火源就会产生化学爆炸，通常也称为

第四章
典型工业生产安全事故分析

容器二次爆炸,两种情况都统计为容器爆炸事故。适用于盛装容器、换热容器、分离容器、气瓶、气桶、槽车等容器爆炸事故。

其他爆炸:指凡不属于火药爆炸、瓦斯爆炸、锅炉爆炸、容器爆炸的爆炸事故。下列爆炸都属于此类事故:可燃性气体(煤气、乙炔、氢气、液化石油气等)与空气混合形成的爆燃性气体混合物引起的爆炸。另外,炉膛爆炸、钢水包爆炸、如亚麻尘爆炸等,均为"其他爆炸"。

案例一:可燃气体闪爆,作业监护人死亡

一、事故经过

某公司第三工程处承担某含油污水处理站改造工程施工任务。因为溢流管与回收水罐之间没有阀门,无法进行隔断。在施工方案中确定,使用往复锯将溢流管汇管上方切割开一个天窗,采取黄油拌黄土的方法,将开口处两侧的管线内分别打上防火墙,以阻止动火点与回收水罐之间的空气连通。2008年9月3日,施工单位第三工程处办理了二级动火报告。建设单位第二采油厂组织本单位的基建管理中心、生产运行部、第五作业区有关人员,以及负责施工的安装公司第三工程处有关人员,对动火方案先后进行了五次讨论和修改,于9月1日确定了最终的动火施工方案,并经建设单位的基建管理中心审批。

9月4日6时,建设单位相关专业部门和人员对现场进行检查核实,确定相关流程已经倒完,消防车和相应的措施、

人员已经全部落实到位。上午9时,在接到建设单位的施工命令后,第三工程处开始组织施工。

在封堵完成要进行焊接作业之前,在天窗焊口打底焊缝还差5厘米就要完成的时候,建设单位和施工单位有关人员两次对焊缝缝隙处进行可燃气体浓度检测,检测结果均符合要求。至下午15时,阀室内A10动火点除φ630毫米回收水罐溢流管天窗焊口完成底焊、进行盖面焊缝外,其他所有焊口均已焊接完毕。15时左右,天窗焊口盖面焊缝只差10厘米就要完成时,1#回收水罐突然发生闪爆,罐间阀室屋面盖板塌落,砸到正在旁边进行作业监护的工人身上。第三工程处立即组织对其施救,但因其身上压着屋面板,无法救出。此时火势已蔓延到阀室,阀室内施救人员全部撤离。相关人员积极投入灭火抢救工作,15时50分,火被扑灭后,实施抢救时发现被困人员已死亡。

二、事故原因

(一)直接原因

1#回收水罐内可燃气体串入管线的施工部位,在施工过程中遇电焊高温发生闪爆,是事故的直接原因。

（二）间接原因

1. 所施工管线（φ630毫米）采用直接方式与1#、2#两个罐的原溢流管线相连，原溢流管线两端均未设置阀门，在施工作业时无法关闭。

2. 把传统经验当成了施工规范。施工方案沿用传统方法进行封堵，此方法在以往施工作业中应用很久，虽属比较实用，但是存在一定弊端，在高温、震动、敲击等情况下，黄油融化、黄土下沉，特别是管径较大（φ630毫米），更易产生沉淀现象，导致封堵部位产生空隙，可燃气体串入管线的施工部位。

（三）管理原因

1. 复杂情况认识不足，风险识别不到位。在施工方案中对黄油拌黄土此种方法并无统一规范，对黄油拌黄土发生沉降导致可燃气体进入焊接施工部位的风险没有提前预测。

2. 作业人员安全意识淡薄，缺乏风险意识，对施工安全技术要求重视不够，冒险蛮干，违章作业。

3. 现场监督不到位。在施工收尾即将结束时，现场仅剩四名施工人员全部为外雇临时工，虽然都持有特种作业操作证，但缺乏有效的现场监督。

三、点评

该事故是因为采用传统的黄油拌黄土的方法进行封堵失效发生可燃气体串入管线遇明火导致的火灾亡人事故。这起事故充分暴露出在安全施工管理上还存在着薄弱环节、死角和盲点。因此，企业应针对存在问题，强化现场施工组织设计，对长期以来用传统经验指导施工时，必须对工作点的风险动态变化进行全面细致的预测和评估。要提高安全监督人员尤其是现场监督人员的素质,要挑选责任心强、现场实践经验丰富的人员进行一线监管,要做到懂监督、敢监督、会监督,要实现关键施工作业环节全过程监控,杜绝安全生产事故的再次发生。该事故启发我们:"预则危转安,不预险成灾;制度松条缝,事故就钻空"。

案例二:氢气泄漏闪爆,人员一死一伤

一、事故经过

事故发生在某石化公司连续重整联合装置 PSA 单元原料气缓冲罐 V2101 出口管线第 5 个弯头处。

9 月 12 日 16 时 19 分,连续重整联合装置 PSA 单元原料气缓冲罐 V2101 出口管线第 5 个弯头突然破裂,管线内氢气泄漏,连续重整装置外操员正准备打开 V2101 入口管线手阀,只听到他在对讲机里说:"阀门太紧,一个人打不开。"话音刚落,即发生闪爆,将距破裂点约 7 米的连续重整装置外操员烧伤,将欲离开现场的施工单位一名人员烧伤致死。

二、事故原因

闪爆事故发生的原因是 PSA 单元 V 锥流量计 F4901 锥体及附件因焊接及设计缺陷,在逆向高速气流条件下脱落,并在高速气流条件下直接撞击原料气缓冲罐 V2101 出口管线弯头,导致弯头产生鼓包、划痕、裂纹等机械损伤,裂纹扩展最后导致弯头破裂,管线内氢气泄漏,遇静电、金属碎片撞击产生的火花、高速气流引起破口金属断面震动相互摩擦产生的火花发生闪爆。

1. 制造缺陷。V 锥流量计 F4901 在制造过程中存在取压管导管与母体、锥体支撑筋板与母体焊道不饱满和未熔合缺陷,是造成锥体及附件脱落的直接原因。

2. 设计缺陷。V 锥流量计 F4901 设计选型不当,没有考虑到紧急泄压的工况;在设计中没有考虑到泄压点放在此位置可能出现逆向气流对 V 锥流量计造成锥体及附件脱落的影响。

3. 弯头机械损伤的原因。锥体脱落后,在高速气流作用下,沿管道产生高速运动,撞击弯头产生鼓包、划痕、裂纹等机械损伤。机械损伤痕迹有新旧之分,因此判断 V 锥体脱落后对弯头多次产生撞击。距该 V 锥流量计最近的弯头机械损伤最严重,有严重的裂纹,裂纹扩展最后导致弯头破裂。

4. 闪爆原因。弯头破裂后,泄漏的氢气在空气中立即达到爆炸极限。引爆的火源为静电、金属碎片撞击产生火花、高速气流引起破口金属断面震动相互摩擦产生火花。

三、点评

该事故是因为设备设施的缺陷发生氢气泄漏且遇明火

导致的亡人事故。这起事故暴露出企业在安全生产管理上存在着薄弱环节。因此应进一步强化风险辨识管理,继续加大从源头控制的力度,必须对选择的工艺及设备在生产、使用过程中是否存在健康、安全、环境风险和影响进行评价,确保工艺、设备安全可靠。进一步强化设备质量管理。加大对设备的检验力度,凡是安装在关键部位的设备,要加大监造的力度,加强对生产制造、销售厂家产品质量的后评价;凡经质量评价考核不合格的单位,一律取消其合格供方资质。这起事故证明:产品质量的好与坏,对安全生产影响十分重大。

案例三:违章焊接导致储罐爆炸亡人

一、事故经过

2007年11月24日,某销售公司与某燃气公司签订《工程施工承包合同》,由其承担某油气加注站的检维修工程。该燃气公司擅自将工程转包给了某建筑安装公司。

2007年10月12日,施工单位对1号、2号埋地液化石油气储罐进行了退料处理,但没有对储罐进行置换。11月23日,施工单位违反压力管道试压规定,用压缩空气进行气密性试验代替对新更换管道的水压力试验,且没有用盲板将试压管道与储罐隔离,储罐的液相管道阀门和气相平衡管阀门也处于全开状态。

24日7时40分,焊工违章进行液化石油气管道防静电装置焊接作业。7时51分,当将第3只单头螺栓焊至管道气相总管时,2号储罐发生爆炸,罐体冲出地面,液化石油气罐区全部破坏,爆炸形成的冲击波将混凝土盖板碎块最远抛出420多米。由于该站处于城市人口、建筑物密集区,事故造成4人死亡、30人受伤。

二、事故原因

（一）直接原因

在进行管道气密性试验时,没有将管道与埋地液化石油气储罐用盲板隔断,液化石油气储罐用氮气置换没有达到要求,导致罐内未置换干净的液化石油气与压缩空气混合,形成爆炸性混合气体,因现场同时进行电焊动火作业,电焊火花引发试压系统发生化学爆炸,导致事故发生。

（二）间接原因

1. 施工单位擅自将工程转包给无施工资质的单位。该燃气公司将工程交付当地唯一一家同时具备设计、施工、开罐作业等资质的正规国有施工专业单位,资质符合规定。但是该单位却把含有特种作业的检维修项目私下转包给了没有相应技术资质的某建筑安装公司,严重违反了工程建设的有关规定。

2. 施工单位未遵守事前约定,提前施工。在完成该站地上管线等设备设施的更换后,甲方项目负责人与施工单位负责人约定在 11 月 24 日 8 时共同到现场监督气密性效果。但施工人员在 24 日 7 时 10 分就提前进入施工现场,并开始了气密试压工作,以致 7 点 10 分爆炸时,施工现场没有专业监督管理人员。

3. 施工单位违规操作。一是施工单位在 10 月 12 日对 1 号、2 号储气罐的剩余液化石油气进行了退料,直至储气罐液位到零位后结束,却没有对储气罐进行置换;二是在施工作业过程中,建筑安装公司严重违反压力管道试压规定,擅自用压缩空气气密性试验代替对新更换管道的水压试验;三是在管道试压过程中,没有用盲板将试压管道与埋地液化气储罐隔离,且储罐的液相管道阀门与气相平衡管阀门处于全开状态;四是施工单位在没有按照建设单位工程施工规定履行动火手续的前提下,贸然对正在施压的液化气管道进行焊接作业。

4. 对施工单位资质的监管缺乏有效手段。一是建筑安装公司的施工人员在进场施工时,均穿戴燃气公司的工装,乘坐燃气公司的车辆,给油气加注站值守人员造成错觉,认为这些施工人员就是燃气公司的员工;二是施工单位使用的名片、提供的地址,甚至使用的账号和税号都是燃气公司的,因此直至事故发生后,该站的上级单位才知道燃气公司的违规转包行为。

5. 施工监管失控。没有充分认识"承包商的安全事故就是我们的安全事故"这一道理。正是有了这种"以包代管"的错误思想,才导致施工过程监管失控,酿成此次事故。

第四章
典型工业生产安全事故分析

三、点评

该事故是因为施工单位违规操作,酿成惨剧。也暴露出企业在承包商管理上存在着漏洞。这起事故要求加强对承包商管理应严格把好"五关",即严把施工单位资质关、HSE业绩关、队伍素质关、施工监督关和现场管理关。坚决杜绝施工单位将工程擅自分包、转包等现象的发生。

案例四:违规运送炸药,爆炸致三死两伤

一、事故经过

2005年3月11日,某地震队从事施工作业。爆炸一组乘橡皮艇执行炸药震源的下药及起爆工作,该艇工作人员五人,一名挂机操作手,一名爆炸机操作员,三名辅助工。13时15分左右,爆炸一组在领取炸药包(炸药量4公斤)后,前往某炮点,行至距炮点位置约120米处,炸药包突然发生爆炸,橡皮艇当即沉没。事故造成三人死亡、二人轻伤。

二、事故原因

1. 在橡皮艇铝合金底板(约 4.5 平方米)与海水之间存在一个 280~730 毫伏的电位差,所用雷管电阻值在 1.2~2.2 欧姆之间,雷管安全电流指标为 100 毫安。炮线是用四钢三铜材质制作的,有较强的钢性,炮线短接时,没有采取相应的防松措施。在搬运过程中,由于橡皮艇行进中产生的颠簸,炮线松散,处于开路状态(也不排除三名辅助工,误将炮线在艇上人为开路的可能),致使炮线一端搭接在艇体铝板上,另一端触及艇内渗进的海水,在海水与铝板电位差(在橡皮艇漏电情况调查过程中,发现艇体与海面间存在电位差,在艇体潮湿状态下橡皮艇艇体与海面电位差可达 280 毫伏;在艇内干燥状态和橡皮艇运行过程中,艇体铝合金底板部分与海面电位差在 250~730 毫伏之间)的作用下,通过雷管的电流超过了安全电流值,引发爆炸事故。因此,橡皮艇底部海水与艇体铝板存在的电位差引爆炸药包是导致爆炸事故发生的直接原因。

2. 提前包药,并长距离搬运炸药包,违反了企业标准《地震勘探民爆器材安全管理规定》(Q/CNPC·G0201)中"炸药包制作完毕后必须立即下水,不得在船上存放"的规定。

3. 炸药包与电台安全距离不足,违反了企业标准《地震勘探民爆器材安全管理规定》(Q/CNPC·G0201)中"爆炸船上的通信设备与民爆器材应保持安全距离(40 瓦电台应距民爆器材 21 米以上)"的规定。

4. 本项目绝大部分工作量分布在陆地,但也有少量测线端点进入滩涂水域(不足总工作量的10%)。尽管水域工作量很少,亦应办理海上施工相关手续,但甲乙双方均未办理,违反了海上作业有关规定。

5. 三名辅助工没有办理爆炸操作证,违反了企业标准《地震勘探民爆器材安全管理规定》(Q/CNPC·G0201)中"管理、接触和使用民爆器材的人员,应接受民爆器材安全管理知识、专业技能的培训,经考核合格取得公安机关核发的有效证件后,方可进入岗位作业"的规定。

三、点评

这起事故提醒我们职工:"与其事后痛心疾首,不如事前预防把守"。因为地震勘探作业是一个多工种协作配合野外勘探作业,其特点是作业现场远离基地、流动性大、危险点源多、作业面广,人员分散、设备(材料)需长途搬迁。作业区域涉及境内外,施工环境复杂,包括沙漠、戈壁、水域、沼泽、高原、丘陵、山地、森林等特殊地区,且施工使用的爆炸物品种多量大,属多地区、多环节易发生事故的高危作业,因此一是要提高员工安全素质,尤其是 HSE 技能的提高,把对员工的安全培训教育作为重中之重、第一要务,抓紧抓好;二是要应结合本工种的作业特点制定相应的安全防范措施,并加大措施的落实,以确保企业的安全生产。

第十节 车辆伤害事故

车辆伤害是指机动车辆的行驶中,发生挤、压、坠落、撞车或倾覆等事故。发生行驶中上、下车事故;发生因搭承矿车或放飞车事故;发生车辆运输摘挂钩事故、跑车事故等均属本类别事故。

机动车辆包括汽车、电瓶车、拖拉机、有轨车、施工设施等五类。

汽车类:载重汽车、货卸汽车、大客车、小汽车客货两用汽车、内燃叉车等。

电瓶车类:平板电瓶车、电瓶叉车等。

拖拉机类:方向盘式拖拉机、手扶拖拉机、操纵杆式拖拉机等。

有轨车类:有轨电动车、电瓶机车等。

施工设施:挖掘机、推土机、电铲等。

车辆伤害事故不包括起重设备提升、牵引车辆和车辆停驶时发生的事故。

案例一:焊接工程车违停斜坡,车辆倒滑三人死亡

一、事故经过

2007年9月24日,某公司施工机组在某地进行管道施工作业。13时30分,机手驾驶焊接工程车完成填充作业任务后,向预定施工点爬坡迁移,在行驶距预定停靠点约8米处(坡度18度38分),其感觉车辆动力不足,采取加油措施后,仍无改善,在刹车无效下滑15米时,其认为滑速过快已无法控制,从车内跳出。

焊接工程车继续加速下滑至约70米处,撞击到已组焊的管段,从管段与正在进行作业的一台工程车之间通过,相

继撞到正在作业的焊工、修理工和质检员各一名。焊接工程车继续下滑过事故地点约 44 米后,撞击到作业带旁管子短节后自行停止。三名伤员经抢救无效死亡。

二、事故原因

(一)直接原因

1. 车辆突发性机械故障,产生"脱挡",操纵失控,造成设备溜坡。

2. 焊接工程车刹车失灵,导致事故的发生。

(二)间接原因

1. 焊接工程车前进一挡经常使用,齿面的磨损远大于其他挡位(但没有超出标准),当外力忽然改变时,产生"脱挡"故障的几率加大。

2. 变速箱换挡锁定机构功能失效,导致焊接工程车爬坡行驶中可能"脱挡"。

3. 事件突发时,驾车人没有适时采取适当的应急措施,避免车辆下滑。

(三)管理原因

施工现场属于坡地,对施工风险识别不全面,施工设备迁移爬坡缺乏有效监督。

三、点评

这是一起典型的因车辆设备故障引发设备失控,造成人员伤害的事故。从事故中我们应吸取在施工设备设施安全管理方面经验:一是设备停止时应挂空挡,用手制动将车刹牢,严禁挂挡位停车,设备前后移动时应先观察、鸣笛,后启动、运行;二是研制安装在设备后面防止下滑的装置,并与厂家联系改进设备在空挡时的自动锁紧装置;三是为防止设备下坡时下滑,在设备后面由重型设备进行牵引;四是为防止设备停放状态下滑,在设备可能下滑的一端加垫枕木;五是严禁在焊接工程车的搭载仓内放置杂物(如焊条、衣服、液化石油气瓶等);六是加强施工设备的维修保养,重点检修刹车、转向等关键环节,保证设备完好;七是在设备下面,禁止任何人坐卧停留;八是起重设备作业时,任何人不得进入起重设备吊臂的回转半径之内。这起事故进一步要求设备操作员应做到"四懂三会",即施工现场机械操作人员要"懂原理,懂性能,懂构造,懂用途;会操作、会维修、会保养、会排除故障"。

案例二:机械手违章,电焊工身亡

一、事故经过

2007年4月21日14时40分,某管道项目施工机组长兼机械手在操作一台吊管机配合另一台吊管机进行管道对口作业时,吊管机突然移动,将正在从吊管机与焊接车之间通过的电焊工挤伤,经医院抢救无效死亡。

二、事故原因

(一)直接原因

1. 机械手违章操作,在吊装作业中没有按照操作规程将吊车挡位置于空挡位置,且吊管机停放位置在地面坡度上方。

2. 电焊工安全意识不强,在狭窄的设备间隙走动前不观察,被突然移动的吊管机推挤到相邻的焊车上。

(二)间接原因

1. 吊管机停放位置不当,与电焊车过近(600毫米),吊管机因地面坡度突然自行移动时,操作手来不及采取制动措施。

2. 机组长兼操作手,现场缺少组织指挥。

3. 工地天气湿热员工疲劳,易抄近路走捷径。

(三)管理原因

1. 现场 HSE 监督人员没有尽到责任,没有及时发现和制止不安全行为。

2. 项目部没有把对员工安全教育落到实处。

三、点评

这是一起交叉作业过程中,因违章操作而引发的事故。在此类作业中,应做到:一是加强员工的安全意识教育,增强自我保护能力;二是强化施工现场的 HSE 监督管理,坚决纠正"三违"行为,把反违章特别是反习惯性违章作为重点;三是各机组长要认真履行职责,每天必须进行班前安全讲话,将施工可能存在的风险告知全机组员工;四是加强施工设备安全管理,对现有的施工设备进行全面安全检查,对发现有问题的设备停用维修;五是合理安排作业时间,尽量避开中午高温段,使员工保持充沛精力。这起事故提醒施工人员:"安全教育,不可中断;安全防范,不可忽视"。

案例三:陡坡上修车,机械手身亡

一、事故经过

2008 年 5 月 3 日 7 时 10 分,某施工机组在山区陡坡工地施工,坡地自西向东由低到高,坡度为 20°17″,自坡底至坡顶,挖掘机、吊管机、根焊车、热焊车、填充焊车、盖面焊车一字排开,头朝下尾朝上。一台根焊车离合器出现故障,无法行驶,需要进行修理,机组等待修理而暂时停工。

10 时,修理工对故障焊车进修理,HSE 监督员负责现场安全监督。维修时 4 台焊车均刹车锁死,履带处于掩木掩牢状态。10 时 20 分开始下小雨,维修正常进行。11 时 40 分

第四章
典型工业生产安全事故分析

左右,施工现场突然出现大风暴雨,热焊车突然发生滑车,正在监护的 HSE 监督员见状,立即大喊"溜车了,快闪开",热焊车撞到下方的根焊车后部,导致根焊车滑动又向吊管机撞去,正处于根焊车和吊管机之间的一名工人躲闪不及,被挤在两台车之间,经送医院抢救无效死亡。

二、事故原因

(一) 直接原因

由于下雨,履带热焊车在陡坡处,车头朝下,履带前掩木由于大风暴雨,摩擦力减小使根焊车突然滑动前行,撞到位于下坡处的根焊车上,使根焊车突然向下滑行 2 米,撞到位于下坡方向的履带吊管机上,导致紧急撤离现场的一名工人被夹在根焊车和吊管机后部之间,受重伤抢救无效死亡。

当天 10 时到 13 时出现短时强降雨和大风天气,降水量达到 10.3 毫米,风力达到 8 级,风速为每秒 20.6 米。由于故障车辆处于 20°17″ 的斜坡上,加之作业区土质为红黏土,遇水有极强的滑动性,导致摩擦系数下降,焊车的稳定性下降;同时大风和强降雨为车辆下滑提供了必要的外部条件,致使风力和自重力大于车辆的摩擦力,而引起车辆下滑。

(二)间接原因

1. 领导安全意识淡薄,对安全管理工作重视不够,对气候、地质状况不了解,防范措施不到位。

2. 基层安全管理力量薄弱,设备老化、性能维护不到位,安全技术措施不到位,现场缺乏有效的安全监督。

3. 项目人员安全意识淡薄,自我保护能力低下。

三、点评

这是一起地面湿滑引发设备失控,造成人员伤害的事故。对此施工单位应认真抓好危害因素识别,深入查摆隐患,治理隐患,制定完善的安全施工方案,如规定在坡度小于10°,设备上坡时必须后拖防滑掩木;严禁坡地维修,严禁车中间站人等。应强化施工人员安全教育培训力度,切实纠正习惯性违章;施工检维开工前,应通过由专业管理部门现场检查确认。这起事故提醒和警示:"隐患猛如虎,不治遭惩处;只要善于抓,安全伴随它"。

第十一节 井 喷 事 故

井喷是指井内流体(油、气、水)喷至转盘面以上一定高度或通过放喷管线放喷的情形,或从高压层无控制地流入低压层的现象。

钻井时要把钻井液注入井管来平衡地下地层对油气的压力。但是当勘测时,出现对地下压力测试不准或注入的钻井液密度太低或出现地层压力突然变大,起钻抽吸不当以及其他不当措施等情况时,井管中的油或气喷出地面或串入井

第四章
典型工业生产安全事故分析

内的其他地层就发生了井喷,前者也叫"地面井喷",后者被称作"地下井喷"。

出现井喷时,油或天然气喷出后与空气摩擦,容易发生燃烧,同时井喷往往伴随着有毒气体,造成对环境和人较大的危害。在石油天然气勘探开发的各类事故中,井喷事故所造成的损失是最大的,不但危及财产、环境的安全,还时常造成重大的人员伤亡事故。

案例一:井喷火灾至一人死亡事故

一、事故经过

2007年9月9日11时,某钻井队钻至井深1032米,钻井液最高全烃含量达到18.67%,停钻循环,全烃含量降至0.2%,开始下钻。起到第11柱时,钻具上提力增加,当班司钻初步判断为井下抽吸。起完第12柱上提钻具时出口槽有少量钻井液流出,停止起钻时出口槽无钻井液流出,工程技术员及当班司钻认为可能是井下发生抽吸,13时20分,接方钻杆循环,很快井口返出钻井液。

13时26分,停泵,坐岗人员发现出口槽有溢流,立即通知司钻。司钻发出关井信号,上提方钻杆时,井口喷出的钻井液将司钻击倒,刹把失控,方钻杆连同钻具坠入井内,水龙头砸在转盘面上,水龙头提环与大钩脱钩。工程技术员及副司钻将司钻救起,13时30分左右井口着火。由于风向影响,远程控制台被火焰包围,未能实施关井,井口失控。

着火后3~5分钟,井架倒向东侧。在二层台作业的井架工在朝向东侧的逃生绳索无法逃生的情况下,爬上天车从井架西北侧绷绳滑到地面落入火中丧生。

二、事故原因

(一)直接原因

该井钻遇气层,在起钻前活动钻具和短起下钻时,由于循环压耗的丧失和钻柱上提的抽吸作用,致使地层气体侵入井筒并上窜;起出12柱钻杆后循环钻井液使得已进入井筒的气体快速上移膨胀,形成溢流;由于现场判断失误、处置不当,没有果断关井,致使溢流发展为井喷;正在运转的主柴油机或井口喷出的地层泥沙打击井架产生火花,引发喷出的气体着火;由于风向影响,远程控制台被井口火焰包围,失去了最后关井机会,致使井口敞喷失控、着火。在二层台上作业的井架工反应不及时,没有及时从井架撤离,失去了逃生的有利时机,是导致井架工从井架绷绳下滑落入火中丧生的直接原因。

(二)间接原因

1. 起钻时作用到气层的当量钻井液密度降低,使得地层气体大量侵入井筒。该井在钻进和循环工况下正常,证明当时的钻井液静液柱压力加上循环压耗是可以平衡地层压力的。在停泵活动钻具和起钻工况下,由于循环压耗的丧失和钻柱上提的抽吸力的共同作用,抵消了部分钻井液静液柱压力,导致地层气体大量侵入井筒。特别是起钻前,在井底5~13米范围内进行了11次共计23分钟的上提下放钻具,加剧了地层气体大量侵入井筒的过程。

2. 由于判断失误、应急处置不当,错失了关井控制井口有利时机。思想麻痹、判断失误,导致未能及时发现溢流。工程技术员和司钻对本井是否钻遇气层认识不足,警惕性不高,尽管在短起下钻前,气测显示全烃最高值达18.67%,经循环全烃值降为零,仍认为储层不含气。在起11柱钻杆灌不进钻井液和起12柱钻杆环空钻井液上返的情况下,仅凭大钩负荷误认为起钻抽吸,未能及时准确判断出溢流。发现井下不正常时,工程技术员又错误决定接方钻杆循环观察,共计开泵循环5~6分钟,使得进入井筒的气体快速上移膨胀,导致井口溢流,进而发展为井喷。

3. 执行关井程序不果断,导致井喷失控。在发现溢流,司钻发出关井信号后,班组各岗位按规定动作程序跑位过程中,司钻被喷出的钻井液击倒,刹把失控,方钻杆连同钻具自由下落,水龙头砸在转盘面上且与大钩脱钩。在听到钻台碰撞声后,正从钻台跑下的副司钻和工程技术员,没有继续跑向远程控制台实施关井操作,而是共同跑上了钻台,从而错失了关环形防喷器的有利时机,导致了井喷失控。井喷着火后,由于井场风向的影响,远程控制台被井口火焰包围,失去了最后关井的机会。

(三)管理原因

1. 对地下复杂情况认识不足。该油田属于复杂断块油藏,构造极为复杂,砂体小、断层多,底油(水)顶气储层分布特点认识难度大。对底油(水)顶气储层在钻井过程中的井控风险认识不足,重视程度不够。对该油田多次发生井涌、溢流、气窜的产生原因没有进行系统分析,麻痹大意。

2. 井控措施在现场未得到有效落实。在实施短起下钻过程中,起第11柱钻杆时,司钻发现大钩载荷增大,凭经验认为可能是起钻抽吸造成,继续进行起钻杆作业。在起出第12柱钻杆,发现钻井液难以灌入时,没有认识到储层有气可能带来的危害,没有意识到是产生溢流,没有按照"四七"动作及时采取停止起钻和关井。

3. 井队班组和员工应急处置能力不强。司钻对井下出现溢流情况缺乏判断经验,反应不及时、处理不果断,工作中忙中出错。当司钻发出关井信号后,副司钻没有及时跑位,慌乱中忘记自己的井控岗位职责。井架工听到关井信号后,反应迟钝、动作慌乱,不知如何应急,未及时从井架上撤离。在这次短起下钻过程中,整个班组作业人员识险能力不强,配合、协调能力较差,内钳、外钳人员在第一时间逃离钻台经过远程控制台时,在慌乱中没有想到去关封井器。

4. 关键岗位人员素质偏低。近几年,由于工作量的迅速增长,钻井队伍建设和人员配备跟不上业务发展和生产的

第四章
典型工业生产安全事故分析

需要,现场一线岗位存在缺员现象,新员工的比例过高。尽管进行了大量的岗前培训和井控培训,但仍然存在工作经验不足、安全意识不强、技能素质不高等问题。

三、点评

该事故是因为操作和应急处理失误导致的井喷火灾亡人事故。这起事故暴露出在钻井安全生产教育培训上存在着薄弱环节。因此应进一步提高井控培训水平,强化井控培训的针对性,尤其是要强化复杂情况,强化操作人员"疑似溢流和发现溢流必须及时关井"的意识。同时,要加强各种工况下的防井喷应急演练,保证各岗位人员能够在规定的时间内完成规定动作,以提高员工应对复杂情况下的井喷应急处置能力。这起事故应让我们干部职工牢固树立:"安全就是效益,安全就是生命"的观念。

案例二:现场管理人员违章指挥,导致井喷失控事故发生

一、事故经过

2005年12月24日13时,某钻井队开始对某油井试油压井施工。施工过程中,由于泵压由42兆帕上升至55兆帕,停泵后压力不下降,试油监督决定由地面队上井连接地面简易放喷管线进行放压。25日18时至26日7时,井队按试油监督指令,组织甩钻具并安排人员观察井口。

井队组织甩钻具至6时,由夜班井队平台副经理、夜班司钻和内钳工将采油树右翼生产闸门打开,出口处没有油气

或钻井液溢出。6时30分至6时55分,井队往油套管环空内注入钻井液17立方米,套压由4兆帕下降至0,此时井队平台副经理在现场指挥安排井架工、副司钻、内钳工等人将采油树四通连接处的螺丝卸掉。

7时5分,油压、套压均为0,无钻井液或油气外溢迹象,于是井队平台副经理指挥班组人员起吊采油树,工程师这时也到达了井口,准备换装封井器时所用的钢圈。吊起采油树时井口无外溢,将采油树吊开放到地上后约2分钟井口开始有轻微外溢,于是井队平台副经理和工程师立即组织班组司钻、井架工等人抢接变扣接头及旋塞,同时工程师跑去叫试油监督来到井口附近,期间井口钻井液喷势逐渐增大。

7时10分,抢接变扣接头及旋塞不成功,此时钻井液喷出高度已经达到2米左右。试油监督指挥重新抢装采油树。7时15分,抢装采油树不成功,井口钻井液已喷到钻台面以上高度。井队紧急启动《井喷失控应急预案》,全场立即停电、停车。甲方监督和平台经理指挥井场和营房区共71名作业人员安全撤离现场。

第四章
典型工业生产安全事故分析

事故发生后,当即启动突发事件应急救援预案,组织封闭塔中沙漠公路部分路段,组织人员对该井周边方圆20千米范围内进行硫化氢监测,组成抢险小组携带 H_2S 监测仪和正压呼吸器进入井场实地检测硫化氢浓度。27—29日,专家组研究、完善、确定了压井施工方案。12月30日11时45分,开始压井。12时41分,装3½英寸钻杆旋塞,控制住井口,事故解除。从井口失控到事故解除,整个抢险过程历时101小时26分钟。此次事故未造成人员伤亡,直接经济损失216.7万元。

二、事故原因

(一)直接原因

井队平台副经理未严格执行有关规定和监督要求、指令,违章指挥人员起吊采油树,在拆装作业过程中造成井喷失控事故。

· 221 ·

(二)间接原因

1. 试油巡井监督胡某明确要求,"准备 $3\frac{1}{2}$ in 油管与 $3\frac{1}{2}$ in 钻杆之间的变扣接头并与旋塞连接好。在拆完采油树后,立即在油管挂上装上旋塞"。但由于变扣接头与旋塞未连接好,导致溢流发生后不能迅速连接,及时控制井口。

2. 对硫化氢的认识和应急设施配备不足。该井含硫化氢较高且气量较大,现场人员都没有佩戴正压式呼吸器,在井口抢接旋塞和采油树失败后,只好将人撤出,导致井喷失控。

3. 井队在拆装井口作业时,未通知监督和井控服务人员,使作业过程缺乏监督和技术指导,导致事故发生。

(三)管理原因

1. 对该井重视不够,对其地质复杂性和工程方面存在的风险认识不足。

2. 油田生产管理不到位,现场监督不力,监督素质下降,监督指令下达不规范。井队在夜间进行换装井口高风险作业时,驻井监督未能及时发现制止。

3. 油田市场管理不到位,没能及时发现施工队伍技术力量薄弱,没有采取相应整改措施。

4. 施工作业人员安全意识淡薄,习惯性违章行为依然严重。从 25 日试油完成后,这口井始终存在压力上升。在未压稳的情况下,井队平台副经理司某实施违章指挥作业,现场工程师及其他人员均未提出异议。

三、点评

该事故是在拆装作业过程中,由于井队违章指挥、操作人员违规操作造成井喷失控事故。这起事故暴露出在钻井安全生产管理上存在着薄弱环节。因此应进一步加强钻井技术力量的配备,提高对高含硫气井井控技术水平。加强对井队员工开展"四种能力"(身体能力、业务能力、事故预防能力、紧急情况下的处理、避险和自救互救能力)的评估,强化井控培训的针对性,教育职工树立"最大的节约是安全,最大的浪费是事故,最大的隐患是麻痹,最大的奉献是精心"的观念,以确保油田试油井控安全。

第五章

典型交通肇事案例分析

交通肇事是指车辆行为人在行驶过程中,发生碰撞、碾轧、刮擦、翻车、坠车、爆炸、失火等造成人员或牲畜伤亡、车辆损毁、建筑物倒塌等交通事故,承担事故相应责任的情形。本章依据中国石油天然气集团公司开展"交通安全专项整治"文件,将驾车人无证驾驶车辆、超速驾车、酒后驾车、疲劳驾车、不系安全带、违反交通信号、争道抢行、超员超载、带病驾车和驾车拨打接听电话等"十大不安全行为"作为典型交通肇事案例进行分析。

第一节 无证驾驶

一、无证驾驶

"无证驾驶"是指无驾驶执照驾驶车辆,包括:一是未取得机动车驾驶证;二是机动车驾驶证被吊销;三是机动车驾驶证被暂扣期间;四是通过非法程序取得驾驶证的;五是使用失效的驾驶证驾驶机动车的;六是无或在某段时间内丧失驾驶营运机动车资格(如道路客货、危险货物运输许可证)的驾驶人驾驶营运机动车的;七是驾驶机动车时未随身携带机动车驾驶证的。另外"无证驾驶"还包括企业内部规定的无准驾证、无派车单位的路单及私自借驾、换驾的车辆与准驾车型不符的。

二、无证驾驶的危害

1. 无证驾驶人因缺乏驾驶专业培训,不具备安全驾驶能力,驾驶车辆行驶中如遇到突然情况,往往会惊慌失措,对于应当避免的交通事故未能避免,易发生交通事故。

2. 无证驾驶人未参加培训学习,不了解车辆特性,不知道运输货物过程中的安全操作规程,尤其是对运输危险货物的专用车辆的安全要求,一旦发生事故,后果极为严重。

3. 无证驾驶人安全意识淡薄,容易因超载、超速、酒后驾车等违法行为引发交通事故,且无证驾驶人心理素质差,一般没有勇气承担责任,往往肇事后逃逸。所以无证驾驶人犹如一颗埋在道路上的地雷,随时都可能爆炸,构成了道路

第五章
典型交通肇事案例分析

交通安全很大的危险,严重地扰乱了正常的交通秩序。

4. 无证驾车严重危害公共安全,属严重违法行为,处罚也是交通安全法规定较重的处罚。如无证驾驶发生交通事故责任比一般的要重,并且不论对方是否有过错,只要对方证照齐全无证驾驶人就是全责。如有人死亡,按以危险方法危害公共安全罪起诉肇事人,起刑就是10年。

三、相关法规要求

(一)《中华人民共和国道路交通安全法》

第十九条:驾驶机动应当依法取得机动车驾驶证。驾驶人应当按照驾驶证载明的准驾车型驾驶机动车;驾驶机动车时,应当随身携带机动车驾驶证。

第九十九条:将机动车交由未取得机动车驾驶证或者机动车驾驶证被吊销、暂扣的人驾驶的。由公安交通管理部门处以二百元以上二千元以下罚款。未取得机动车驾驶证、机动车驾驶证被吊销或者机动车驾驶证被暂扣期间驾驶机动车的,由公安交通管理部门处于相应罚款外,可以并处十五日以下行政拘留。

(二)《中华人民共和国道路交通安全法实施条例》

第二十一条:公安机关交通管理部门应当对申请机动车驾驶证的人进行考试,对考试合格的,在5日内核发机动车驾驶证;对考试不合格的,书面说明理由。

第二十二条:机动车驾驶证的有效期为6年,本条例另有规定的除外。

机动车驾驶人初次申领机动车驾驶证后的12个月为实习期。在实习期内驾驶机动车的,应当在车身后部粘贴或者悬挂统一式样的实习标志。

机动车驾驶人在实习期内不得驾驶公共汽车、营运客车或者执行任务的警车、消防车、救护车、工程救险车以及载有爆炸物品、易燃易爆化学物品、剧毒或者放射性等危险物品的机动车;驾驶的机动车不得牵引挂车。

(三)《道路运输从业人员管理规定》

第二十六条:经营性道路客货运输驾车人、道路危险货物运输从业人员、机动车维修技术人员、道路运输经理人和其他道路运输从业人员经考试合格后,取得《中华人民共和国道路运输从业人员从业资格证》。

第三十一条:道路运输从业人员从业资格证件有效期为6年。道路运输从业人员应当在从业资格证件有效期届满30日前到原发证机关办理换证手续。

第三十九条:道路运输从业人员在从事道路运输活动时,应当携带相应的从业资格证件,并应当遵守国家相关法规和道路运输安全操作规程,不得违法经营、违章作业。

第五章
典型交通肇事案例分析

四、杜绝无证驾驶提示

首先,利用图片、广播、电视等多种形式对驾驶人进行广泛宣传,提高驾驶人关爱自身安全、自觉守法的安全意识,教育驾驶人将遵纪守法变成自觉行为。

其次,驾驶人要在行车前检查各类证件是否齐全有效,做到无证不驾车,证照不齐全不驾车。

最后,强化管理,加大检查力度,对无证驾驶人员依法进行处理。教育驾驶人严格遵守驾驶证照使用的有关规定,杜绝驾驶人将自己的车辆交给没有取得驾驶证的人员驾驶,不要为了顾及私利,铸成大错。

案例一:无证驾驶二死二伤

一、事故经过

2004年7月13日19时左右,某工程建设监理公司驾车人私自驾驶丰田4500吉普车去给其爱人收电费,途中把车辆交给其11岁的女儿驾驶,其乘坐副驾驶位置,当车由东向西行驶至油田某居民小区3号楼前时,撞到路旁四位行人,造成四人受伤。其中二人送医院抢救无效死亡。

二、原因分析

1. 驾车人女儿无证驾车,未按照操作规范安全驾驶,在遇到行人时惊慌失措,是造成这起事故的直接原因。

2. 驾车人法制观念、安全意识淡薄,视车辆驾驶如儿戏,私自将机动车交给其11岁的女儿驾驶。

3. 驾车人所在单位安全管理上存在漏洞,基础工作薄弱,规章制度和"三交一封"制度执行不到位,监督检查工作不落实,安全教育工作流于形式。

三、点评

本事故警示我们:"无证驾驶如行凶,害人害己悲告终"。应在驾车人中加大交通安全法规和管理规章制度的宣贯力度。通过道路交通法学习班、板报、答题活动等形式,让全体驾车人,乃至全体员工安全意识入心入脑,加强对驾车人行为的约束,提高驾车人法制观念,有效杜绝私自将车交无证人员驾车。同时应加大单位车辆"三交一封"制度执行力度,杜绝跑私车现象,时刻"铭记法规,善待生命"。

案例二:无证驾驶 酿成大祸

一、事故经过

2000年5月30日下午,工人甲带领本厂工人乙在该厂

第五章
典型交通肇事案例分析

新建家属楼工地清理下房土,为把汽车下余土装完,在驾车人不在的情况下,工人甲无驾驶执照私自开车。因挡位在倒挡上,发动后,汽车猛然后倒,将围墙撞倒,把该厂还在车后劳动的工人乙挤死。

二、原因分析

1. 工人甲作为施工现场的指挥员,在生产劳动场所,带头无视法律法规,无照驾车。擅自启动汽车前,安全检查不到位,是造成这起死亡的主要原因。

2. 在工作期间,该车驾车人有事离开时,未将车钥匙拔掉带走,为工人甲违章驾车提供了条件。

三、点评

此起事故是因无证开车导致的亡人事故。责任单位应吸取教训,加大对员工尤其是管理人员的安全意识教育,加强员工与领导之间的相互监督,坚决杜绝违章指挥、违章操作和无证驾车行为。在生产施工大忙时节,不能因赶进度忽视安全,违规操作。要求驾车人管理好车辆,不得随意将车辆教给他人或将车辆处于失控状态。责任单位切实做到"关爱员工,关爱生命,因为人是企业宝贵的财富,是任何资产都比不上的珍贵资源"。

第二节 超速驾驶

一、超速驾驶

超速驾驶是指机动车在道路上行驶速度超过限速标志、标线规定的最高限度,或在无标志、标线的道路上超过规定的安全车速的驾驶行为。

二、超速驾驶的危害

1. 超速行驶会使驾驶人的反应时间延长和空间认知能力降低。超速会使驾车人从观察判断、采取措施到车辆停车所需要的距离较长,加大了行驶的危险性。超速行驶会使驾车人动视力降低,视野变窄,对交通环境的分辨率降低。超速行驶会增加超车的频次,驾驶人精神处于紧张状态,心理和生理能量消耗增加,敏感度下降,造成驾驶疲劳,反应迟钝,容易引发交通事故。

2. 车速越快,惯性越大,车辆制动有效距离就会越长,发生交通事故的可能性也会随之增加,发生事故碰撞时后果也越严重。依据交通事故的统计数据显示,当汽车时速20千米,把人撞死的几率为10%,40千米时超过30%,60千米时超过90%,80千米以上时则达到100%。

3. 车速越快,方向的操作性越差,方向难以控制,前方出现紧急情况,很难在短时间内改变行驶方向。转弯时,高速行驶产生的离心力越大,离心力作用会使车辆侧滑或翻车。

4. 高速行驶会使汽车轮胎温度升高,尤其是夏季气温较高时,容易导致爆胎引发交通事故。

5. 超速行驶,还会干扰正常车流。当超速行驶的车辆处于超越正常行驶车辆变更车道时,会形成交织点,而每个交织点就是一个交通事故隐患。

三、相关法规要求

(一)《中华人民共和国道路交通安全法》

第四十二条:机动车上道路行驶,不得超过限速标志的最高时速。在没有限速标志的路段,应当保持安全车速。

限制速度

解除限制速度

夜间行驶或者在容易发生危险的路段行驶,以及遇有沙尘、冰雹、雨、雪、雾、结冰等气象条件时,应当降低行驶速度。

第九十九条:机动车行驶超过规定时速百分之五十的,由公安机关交通管理部门处二百元以上二千元以下罚款,并可以并处吊销机动车驾驶证。

(二)《中华人民共和国道路交通安全法实施条例》

第四十五条规定:机动车在道路上行驶不得超过限速标志、标线标明的速度。在没有限速标志、标线的道路上,机动车不得超过下列最高行驶速度:

(1)没有道路中心线的道路,城市道路为每小时30千米,公路为每小时40千米;

(2)同方向只有一条机动车道的道路,城市道路为每小时50千米,公路为每小时70千米。

第四十六条:机动车行驶中遇有下列情形之一的,最高行驶速度不得超过每小时30千米,其中拖拉机、电瓶车、轮式专用机械车不得超过每小时15千米:

(1)进出非机动车道,通过铁路道口、急弯路、窄路、窄桥时;

(2)掉头、转弯、下陡坡时;

(3)遇雾、雨、雪、沙尘、冰雹,能见度在50米以内时;

(4)在冰雪、泥泞的道路上行驶时;

(5)牵引发生故障的机动车时。

第七十八条:在高速公路上行驶的小型载客汽车最高车速不得超过每小时120千米,其他机动车不得超过每小时100千米,摩托车不得超过每小时80千米。

同方向有两条车道的,左侧车道的最低车速为每小时100千米;同方向有三条以上车道的,最左侧车道的最低车速为每小时110千米,中间车道的最低车速为每小时90千米。道路限速标志标明的车速与上述车道行驶车速的规定不一致的,按照道路限速标志标明的车速行驶。

(三)《机动车驾驶证申请和使用规定》附件3规定

机动车行驶超过规定时速50%以上的,一次记6分。机动车行驶超过规定时速未达50%的,一次记3分。

四、杜绝超速驾驶提示

1. 驾驶人应自觉加强交通法律法规的学习,提高安全意识,将遵纪守法变成自觉行为,行车时关注道路的限速标志,尤其是雨天、下雪天、大雾天或路面有障碍物时要减速驾驶、谨慎驾驶。"抢一秒险象环生,让一步海阔天空"。

2. 驾驶人应养成良好的驾驶习惯,尽量避免突然加速和频繁换挡。在条件许可的情况下,尽量选择经济时速,保持匀速行驶。

3. 驾驶人行车前应规划好行车路线,合理安排作息时间,让自己有充分的时间,轻松地完成任务,避免因时间紧、任务重、归家心切等外在原因影响安全行驶。

4. 性格外向的驾驶人员、取证后的新手在驾驶中,更应努力控制争强好胜的情绪,不开英雄车、赌气车、不逞能、不炫技,避免超速行驶。

案例一：十次车祸九次快，超速行驶是祸害

一、事故经过

2002年8月30日6时01分,某油田公司驾车人驾驶奥迪A6轿车由南向北行驶至某交叉路口处(无信号指示灯),奥迪A6轿车撞在由西向东行驶的某高校驾车人驾驶的桑塔纳轿车右侧中部,造成桑塔拉轿车180度旋转,桑塔纳轿车严重变形,乘坐在桑塔纳轿车后排靠两边车门的两名乘车人被甩出车外当场死亡,坐在后排中间位置的乘车人被当场撞死在车内,乘坐在副驾上的乘车人送医院经抢救无效死亡,双方驾车人受轻伤,该事故造成四人死亡,二人轻伤,车辆严重损坏的严重后果。

二、原因分析

1. 某油田公司驾车人和某高校驾车人安全意识淡薄,思想麻痹,在交叉路口瞭望不够,超速行车,遇情况采取措施不当,导致发生重大交通事故。

2. 两个单位对驾车人安全培训和教育工作不到位,乘

车的某高校领导对驾车人违章驾驶没有及时禁止。

三、点评

该事故警示我们:"十次事故九次快,谁不相信谁受害"。超速行驶被称之为道路交通的第一杀手,其危害远远超过其他交通违法行为。车辆单位应组织驾车人,特别是为领导干部服务的小车驾车人、通勤大客车驾车人、非职业驾车人等重点对象的经常性安全培训,全面提升驾车人的思想素养、安全意识和驾驶水平。组织经常性交通安全法律法规及理论和驾驶技能考试,不合格者不得上岗。"只有事前预防严守,才能避免事后痛心疾首"。

案例二:路口超速 酿成大患

一、事故经过

2000年6月24日,某采油厂员工驾驶江铃吉普车与同事去联系试验注入剂事宜。驾车人和乘车人员两人都没有系安全带,12:40分左右返回单位时,由西向东行至南一路与西一路交叉路口,因瞭望不够,没能提前采取措施及时减速。与由北向南行驶的某公司水泥车相撞。造成吉普车内乘坐人的头部重伤,送医院抢救无效死亡。驾车人头部重伤。

二、原因分析

1. 某采油厂驾车人和某公司水泥车驾车人安全意识淡薄,思想麻痹,在交叉路口瞭望不够,超速行车,遇情况采取

措施不当,导致一死一伤的交通事故。

2. 驾车人和乘车人两人都没有系安全带,加大了事故的危害程度。

三、点评

该事故警示我们:"抢行痛快一阵子,出事悔恨一辈子"。超速行驶易造成交通事故。因为从车辆性能上看,无论加速性能、制动性能、稳定性能、抗侧滑性能都有极限,超过极限就可能发生严重后果。从道路通行条件来看:道路是混合交通型,行人、各种非机动车、机动车都在同一道路上通行,道路情况瞬息万变,各种隐患随时出现,所以要求驾车人要按规定时速,谨慎驾驶,按规定系好按全带。这样才能使您远离事故,才能保证您和他人的安全和幸福。

案例三:雪天路滑 车速过快 危害生命

一、事故经过

2007年3月22日7时25分,某采油厂兼职驾车人驾驶一庆铃吉普车行驶至某路18千米加950米处,因下雪路滑,车速过快,采取措施不当导致车辆越过中间隔离带与对向行驶的日野牌货车相撞后滑入沟内,与路边大树相撞后,使其受重伤经抢救无效死亡。

二、原因分析

1. 驾车人守法的意识、安全意识淡薄,在下雪天没有保持安全车速,在雪地上驾驶的技能不够熟练,是事故的主要原因。

2. 该采油厂对驾车人的交通法律、法规及常识培训不到位,尤其是兼职驾车人技能培训考核缺失。针对恶劣气候环境(雨天、雾天、冰雪天等)出车、行车控制不到位。

三、点评

该事故警示我们:"雨雾雪天上道路,麻痹大意闯大祸"。应加大对驾车人的交通法律、法规及常识培训力度,使驾车人熟练掌握其法律、法规相关内容,并树立起遵章守法的意识,提高驾驶的职业道德修养。同时应根据季节的变化,有针对性地对驾车人进行安全知识与技能培训。全面提高交通参与者的交通安全意识。做到"走过春夏秋冬,安全永驻心中"。

案例四:超速行驶导致翻车亡人惨祸

一、事故经过

2005年,某油田公司地球物理勘探队承担一项野外采集任务。3月27日9点30分左右,该队外聘驾车人驾驶北方奔驰水罐卡车,由该队驻地前往测线送水,当车行驶到该队炸药库路边时,遇炸药库两名警卫员拦车要求搭乘该车前往看病。驾车人行至一右急弯(约120度)时,超速行驶(限速30千米),致使车辆冲向左边路肩,此时驾车人采取措施不当,急向右转向,又冲向路右侧,再次向左急转向,致使车辆失控,水罐甩离车体,车辆向右翻转180度,驾驶室严重变形受损,造成驾车人、两名乘车人共三人当场死亡,直接经济损失38万元。

二、原因分析

1. 违章操作：驾车人在驾车过程中，超速行驶，转弯时采取措施不当，导致翻车，造成三人死亡。

2. 违章指挥：外聘驾车人张某没有报上级人力资源部批准，也未对其进行考核，更没有申办内部准驾证，队上违章指派张某驾驶水罐卡车。

3. 违反劳动纪律：该队队伍管理不严，警卫员当班期间未经批准擅自脱离工作岗位，随车送人去医院，是典型的违反劳动纪律行为。驾车人安全意识淡薄，不请示，不汇报，自行超出规定行驶路线，是发生事故及事故后果扩大的重要原因。

4. 安全培训教育制度落实不到位，驾车人26日晚8点才到队报到，27日早即派其出工，没有人向其系统地将队上的规定以及工区道路情况进行详细交底，是导致事故的主要原因。

5. 排查事故隐患不到位，水罐车是由某油田机械厂专门设计改造的，但在发生事故时，水罐10条固定螺栓折断，水罐甩离车体，表明水罐设计的固定强度有重大缺陷。

三、点评

俗话说："拐弯慢行，天下太平"。该事故是因转弯超速导致的亡人事故，也是一起典型的"三违"事故案例。因此应加大反"三违"执行力度。对违章指挥、违章操作、违反纪律的现象进行严格处罚。同时应加强安全检查和隐患治理力度。清查招聘的驾驶人员。重新审查驾驶人员上岗资质，严格把关审查,将不符合条件的驾车人人员调离驾驶岗位,未按正常手续聘用及未严格考核的驾驶人员,立即清退。真正做到:"遵章守纪是根本 确保安全靠大家"。

第三节 酒后驾驶

一、酒后驾驶

依据 GB 19522—2004《车辆驾驶人员血液、呼气酒精含量阈值与检验》规定,在机动车驾驶人的每 100 毫升血液中,酒精含量达到 20 毫克为饮酒驾车,大致相当于饮用一杯啤酒。每 100 毫升血液中酒精含量达到和超过 80 毫克可以认定为醉酒驾车,相当于饮用 3 两低度白酒或者两瓶啤酒。

二、酒后驾驶车辆的危害

1. 触觉能力降低。饮酒后驾车,由于酒精的麻醉作用,人的手、脚的触觉较平时降低,往往无法正常控制油门、刹车及方向盘。

2. 视觉发生障碍,饮酒后可使视力暂时受损,视像不稳,辨色能力下降,因此不能发现和正确领会交通信号、标志和标线。同时饮酒后视野大大减小,视像模糊,眼睛只盯着前方目标,对处于视野边缘的危险隐患难以发现,易发生事故。

3. 判断能力和操作能力降低。饮酒后,对光、声刺激反应时间延长,本能反射动作的时间也相应延长,感觉器官和运动器官如眼、手、脚之间的配合功能发生障碍,因此无法正确判断距离、速度。

4. 心理变态。在酒精的刺激下,人有时会过高地估计自己,对周围人的劝告常不予理睬,往往干出一些力不从心的事。

5. 疲劳。饮酒后易困倦,表现为行驶不规律,空间视觉差等疲劳驾驶的行为。

三、相关法规要求

1.《中华人民共和国道路交通安全法》第二十二条规定:饮酒、服用国家管制的精神药品或者麻醉药品,或者患有妨碍安全驾驶机动车的疾病,或者过度疲劳影响安全驾驶的,不得驾驶机动车。

第九十一条规定:饮酒后驾驶机动车的,处暂扣一个月以上三个月以下机动车驾驶证,并处二百元以上五百元以下罚款;醉酒后驾驶机动车的,由公安机关交通管理部门约束至酒醒,处十五日以下拘留和暂扣三个月以上六个月以下机动车驾驶证,并处五百元以上二千元以下罚款。

饮酒后驾驶营运机动车的,处暂扣三个月机动车驾驶证,并处五百元罚款;醉酒后驾驶营运机动车的,由公安机关交通管理部门约束至酒醒;处十五日以下拘留和暂扣六个月机动车驾驶证,并处二千元以下罚款。

一年内有前两款规定醉酒后驾驶机动车的行为,被处罚两次以上的,吊销机动车驾驶证,五年内不得驾驶营运机动车。

2.《中华人民共和国道路交通管理条例》第一百零四条(三)规定:饮酒、服用国家管制的精神药品或者麻醉药品、患有妨碍安全驾驶的疾病,或者过度疲劳仍继续驾驶的。公安机关交通管理部门除依法给予处罚外,可以将其驾驶的机动车移至不妨碍交通的地点或者有关部门指定的地点停放。

第一百零五条规定:机动车驾驶人有饮酒、醉酒、服用国家管制的精神药品或者麻醉药品嫌疑的,应当接受测试、检验。

3.《机动车驾驶证申请和使用规定》附件3规定(2010年4月1日施行)饮酒后驾驶机动车的,一次记12分。

4. 2010年2月上旬,保监会与公安部联合发文表示,将逐步实行酒后驾驶违法行为与交强险费率联系浮动制度,饮酒后驾驶违法行为一次上浮的交强险费率控制在10%~15%之间,醉酒后驾驶违法行为一次上浮的交强险费率控制在20%~30%之间,累计上浮的费率不得超过60%。

四、杜绝酒后驾驶提示

1. 酒后驾驶是一种非常危险的行为,驾驶人应对其危

第五章 典型交通肇事案例分析

害有充分认识,为了对驾驶人本人、亲人、企业乃至社会负责,请告别酒后驾驶。

2. 亲朋好友聚会,商业应酬攻关,难免以酒助兴。此时的驾车人员,要说明情况,控制自己,婉言谢绝饮酒,以茶或饮料代酒。实在推托不过喝了酒,坚决不摸方向盘。"饮酒不开车,开车莫饮酒"。

3. 饮酒后到醒酒的时间与所饮酒的度数和所喝酒的量有密切的关系,如5度的啤酒一瓶一般需要3小时以上醒酒;56度的白酒200克(4两)需11小时以上的时间酒精才能在身体中得到分解。晚上大量饮酒或醉酒人员,第二天大脑可能还昏昏沉沉,将严重影响安全驾驶,因而醒酒时间还将延长一段时间直至头脑清醒时才能驾车。

案例一:酒后开车导致的重大交通事故案例

一、事故经过

2001年8月18日14时40分,某油田运输大队驾车人,驾驶三菱大货车到钻井工程公司井队送料,自东向西行至某公路Y型路口处,已越过路口正常行驶,此时某税务局驾驶的长安小客车斜穿公路与三菱大货车相遇,三菱大货车驾车人采取紧急制动避险,制动距离11米,小客车驾车人没有采取任何措施,车前部与三菱大货车右侧前部猛烈相撞,造成大货车前部横向位移1.3米,小客车内六人伤亡(三人当场死亡,三人在抢救过程中死亡)。

二、事故原因

1. 某税务局的小客车驾车人酒后驾车。事故发生后,公安技术部门对事故中7位当事人的血液进行了化验,结果认定,税务局的小客车内6人血液中都含酒精,其中驾车人百毫升血液中酒精含量为134毫克,达到了醉酒状态,通过路口时遇险情未采取避险措施是事故的直接原因。

2. 双方驾车人超速通过路口。大货车驾车人当时的车速在40千米/小时左右,小客车驾车人的车速在80千米/小时左右,双方不同程度违反了《河北省道路交通管理实施办法》第三十七条第三款"通过没有交通信号或交通标志控制的交叉路口时,时速不准超过二十千米"的规定。

3. 驾车人交通安全意识淡薄。尤其是小客车驾车人醉酒驾车,乘车的五人明知酒后不得开车,酒桌上既不劝阻其饮酒,酒后也没有及时禁止其醉酒驾车,终归害人害己。

三、点评

该事故警示驾车人:"酗酒开车是驶向死亡与坟墓的选择"。驾车人所在单位应加大对全体驾车人和车管干部的教育,认真分析查找自己身边的违章行为,全面分析产生的原

第五章
典型交通肇事案例分析

因,针对驾车人酒后驾车,同车人员麻木不仁,超速行驶等违章行为进行治理,有效杜绝酒后驾车,违章超速行车。真正把安全工作的重要性放在首位。做到"拒酒千里外,安全万里行"。

案例二:醉酒驾车酿事故 肇事亡人又逃逸

一、事故经过

2006年2月18日8时,某厂生产准备大队驾车人,驾驶吉普车前往老乡家。在老乡家拉东西时被老乡留住用餐,酒后驾车回单位,14时20分左右由西向东行驶至某路11千米加700米处时,将一由北向南横穿公路的行人撞倒,当场死亡。驾车人醉酒后神志不清,不知道已撞人,将车开回单位,后被交警支队事故大队带走。

二、事故原因

1. 驾车人交通安全法制意识淡薄,醉酒后驾驶机动车辆,肇事后逃逸。承担本次事故的全部责任。

2. 驾车人所在单位车辆管理不到位,驾车人私自出车帮老乡家拉东西,没有严格实行出车任务单和收车后"三交一封"等行之有效的管理办法。

三、点评

该事故警示驾车人朋友:"酒性发作不由人,醉酒开车祸害深",驾车人所在单位应明确交通安全管理职责,严格执行各项安全管理制度,加强生产车辆和非生产车辆的管理,对违反制度的行为,加强考核,落实责任,严禁酒后驾车,无证、超速等违章驾驶。同时交警部门坚决处理"酒后驾车,拿命赌博"的违法行为。

近年来,酒后驾驶导致的事故越来越多,酒精正在成为越来越凶残的"马路杀手"。某网站对于酒后驾车的一项调查表明,竟然有88.75%的网民投票认同"酒后肇事严重者按故意杀人罪论处"。这警示广大驾车人的遵章守法的意识,不断提高驾驶的职业道德修养,杜绝酒后驾车的现象发生,真正实现"共建安全文明,共享安定繁荣"大好局面。

案例三:醉酒驾驶肇事首判死刑 但愿没有孙伟铭第二

一、事故经过

2008年12月14日17时左右,成都孙伟铭醉酒驾驶别克轿车,与一辆比亚迪轿车发生追尾,迅速驾车逃逸。车行至成都卓锦城路段时,孙伟铭驾车越过黄色双实线,先后撞向对面正常行驶的四辆轿车,直到其驾驶的别克轿车不能动弹为止。据了解,该事故共造成四人死亡、一人重伤、公私财产损失共计五万余元的严重后果。

第五章
典型交通肇事案例分析

二、事故原因

1. 经鉴定,事发时孙伟铭血液中的乙醇浓度为每百毫升135.8毫克,而碰撞事故发生时别克轿车的时速为134～138千米。"国家规定的醉酒标准是八十毫克每百毫升,孙伟铭超标69.75%。

2. 事发路段限速为60千米每小时,孙伟铭超速120%以上。

3. 孙伟铭根本没有取得驾照。"孙伟铭购车的时间是去年5月,此后他一直长期无证驾驶车辆,还存在多次交通违法记录",检察机关以孙伟铭涉嫌以危险方法危害公共安全罪将其诉至成都市中级人民法院。

三、事故处理

2009年7月23日,成都市中级人民法院对醉酒无证驾驶造成四死一伤的孙伟铭作出一审判决,以"以危险方法危害公共安全罪"判处肇事驾车人孙伟铭死刑,剥夺政治权利终身。孙伟铭对判决不服,当庭表示要上诉。但不论如何,孙伟铭先生注定要成为一个标志性人物,因为他是全国因为交通肇事被判处死刑的第一人(四川省高院二审以危险方法危害社会公共安全罪判处孙伟铭无期徒刑,剥夺政治权力终身)。

四、点评

长期以来,国内酒后驾驶,甚至严重醉酒驾驶的现象屡禁不绝,且有愈演愈烈之势。

实际上,酒后驾驶已经成为严重危害道路交通安全,威胁人民群众生命财产安全的一大"杀手"。一面是酒后驾驶的危害如此严重,另一面却是广大驾车人对酒后驾驶危害性的不以为然。现实生活中,大家去外面吃饭,那么多开车的人当中,真正做到每次都滴酒不沾的又有几人?许多人自己虽然不想喝,但是中国人饭桌上根深蒂固的"劝酒文化"、强大的"劝酒攻势",想一点不喝几不可得!有时候因为太过坚持(不喝酒),弄得满桌不欢。从这个角度而言,孙伟铭也有可能是"受害者"。从媒体报道上看到,孙伟铭事后"真诚忏悔",可是该忏悔的仅仅是他们吗?那些向他们劝过酒的,或者明知别人开了车却仍要向其劝酒的,不也需要忏悔吗?真是"酒醉(罪)在酒中,人毁(悔)在杯中"。

对于已逝的生命,忏悔挽回不了生命。对于生者,我们需要反思。希望孙伟铭案是一个好的开端,起码以后在酒桌上,在拒绝别人的劝酒时,我们可以回答:你不希望我成为第二个孙伟铭吧!

第四节 疲劳驾驶

一、疲劳驾驶

疲劳是由于体力或脑力劳动使人产生的生理机能和心理机能失调的现象。

疲劳驾驶是指驾车人在长时间连续行车后,其身体产生心理机能和生理机能的失调,使驾车人的注意、感觉、知觉、思维、判断、意志、决定和运动诸方面受到影响,出现视线模糊、腰酸背疼、反应迟钝、动作呆板,使驾驶机能下降的现象。疲劳驾驶不仅有碍于驾车人的身心健康,还极易发生交通事故,它是许多重大交通事故的根源。

二、疲劳驾驶的危害

1. 驾驶人疲劳时视力下降,注意力分散。

疲劳驾驶时,驾驶人视角敏锐度降低,容易产生错觉,信息采集受到一定限制,且注意范围变小,注意力转移迟缓,分配更加困难。

2. 驾驶人疲劳时判断能力下降、反应迟钝。

疲劳驾驶时,驾驶人反应时间明显延长,反应灵敏性和对交通情况的判断能力随之下降。

3. 驾驶人疲劳时措施迟缓,操控能力下降,操作失误增加。

驾驶人处于轻微疲劳时,会出现换挡不及时、不准确;驾驶人处于中度疲劳时,操作动作呆滞,有时甚至会忘记操作;驾驶人处于重度疲劳时,往往会下意识操作或出现短时间睡眠现象,严重时会失去对车辆的控制能力。

三、法律法规的要求

1.《中华人民共和国道路交通安全法》第二十二条明确规定"饮酒、服用国家管制的精神药品或者麻醉药品,或者患有妨碍安全驾驶机动车的疾病,或者过度疲劳影响安全驾驶的,不得驾驶机动车"。

2.《中华人民共和国道路交通管理条例》第一百零四条(三)规定:饮酒、服用国家管制的精神药品或者麻醉药品、患有妨碍安全驾驶的疾病,或者过度疲劳仍继续驾驶的。公安机关交通管理部门除依法给予处罚外,可以将其驾驶的机动车移至不妨碍交通的地点或者有关部门指定的地点停放。

3.《中华人民共和国道路运输条例》第二十九条规定:道路运输从业人员应当遵守道路运输操作规程,不得违章作业。驾驶人员连续驾驶时间不得超过4个小时。

4.《机动车驾驶证申领和使用规定》附件3规定:连续驾驶公路客运车辆或者危险物品运输车辆超过4小时未停车休息或者停车休息时间少于20分钟的,一次记6分。

四、疲劳产生的原因

1. 缺少睡眠,很容易发生疲劳。成年人一昼夜至少应睡 7~8 小时。此外由于人的睡眠受人体生理节律的影响,如果睡眠的时间不当或睡眠质量不高,也会引起疲劳。

2. 驾车人的身心条件,包括驾车人的身体状况,年龄大小、性别、经验多少、技术高低、性格等。一般来说,年轻人容易感到疲劳,也容易消除疲劳;老年人的疲劳,症状不明显、但消除能力弱不禁风;体弱者容易产生不易消除;驾驶技术熟练者,不易产生疲劳。

3. 驾驶操作过程中,车内环境、车外环境以及运行时间等因素都与疲劳的产生有关系。

车内环境如温度、湿度、噪音、振动、照明、粉尘、有毒物质以及车内座位、靠背等,都对联大脑皮层有一定的刺激作用,超过一定限度,就会对人的身体产生不良影响,容易疲劳。

车外环境如气候条件、道路条件、交通条件、交通设施条件、时间等。若驾车人在道路上行驶时,道路能见度低,没有交通标志、行人拥挤、自行车多、交通阻塞,意外被超车、道路崎岖不平等,这些都能使驾车人的情绪紧张、并付出较大的体力,驾车人容易疲劳。

4. 生活环境包括社会风气、群体气氛、家庭关系、人际关系等,这些因素对驾车人的疲劳特别是驾车人的心理疲劳有很大的影响。

驾车人的家庭关系对他的影响深入而持久。家庭关系处理不好,会导致驾车人心理失调,行车烦躁不安,反应迟钝、处理情况不准确、注意力不集中、胡思乱想,身心极易产生疲劳,肇事的可能性增大。

驾车人的领导,同事之间人际关系的好坏对交通安全以及驾车人本身的心理疲劳都有很大影响。同事之间关系紧张,工作上互不支持,必然会产生消极情绪、不愉快、猜疑、悲观、忧郁等,造成心理紧张,也容易产生心理疲劳。

五、杜绝疲劳驾驶提示

1. 驾车人应养成有规律的作息时间,保障每日睡眠时间充裕。养成科学的饮食习惯,切忌饥一顿饱一顿或暴饮暴食,影响身体健康。

2. 保持健康的身心、心理条件,认真处理好家庭、工作单位、社会人际关系,保持积极乐观的工作情绪,愉快平和的心态。不要有消极、猜疑、悲观、忧郁等情绪,减少身心疲惫。

3. 保持适宜的驾车环境,不要人为的采用播放音乐、开窗户吹风、喝浓茶等方法对抗疲劳,这些方法不能从根本上消除疲劳,时间拖得越长,越容易发生危险。驾驶人员应严格控制连续驾驶时间,如果感到疲劳,如头脑昏涨、眼睛干涩,注意力分散、哈欠连天,应立即到安全地点停车休息。

案例一:昏昏欲睡闯大祸

一、事故经过

2000年6月2日下午,某单位驾车人驾驶客货车去执行任务,14时10分行驶至某路33千米处,由于驾车人疲劳,处于昏昏欲睡状态,将车撞在对面驶来且正在会车的某公司运输大队的五十铃大货车中后轮上,将大货车中后桥撞移位,造成客货车180度调头且严重损坏,驾车人左腿截肢、左耳刮坏、带车班长左臂等多处戳伤。

二、事故原因

1. 驾车人的安全意识不强,视安全如儿戏,明知自己已昏昏欲睡还不靠边停下来,而继续疲劳驾驶。导致发生交通事故。

2. 带车班长明知驾车人精神恍惚,疲劳驾驶,不禁止,不提醒,监督职责缺失,害人害己。

3. 驾车人所在单位对驾驶人员职工安全教育、管理不到位,对驾车人违章驾驶没有采取行之有效的管理办法。

三、点评

该事故警示我们:"疲劳驾车,生命打折"。当驾车在道路上行驶的时候,需要驾驶者时刻保持清醒的头脑和敏捷的反应,疲劳驾驶对安全行车构成了严重的威胁。据交管部门统计,目前少数人疲劳驾车所造成的特大交通安全事故就占了全部交通事故总数的40%。因此车辆单位应加大对驾车人的交通法律、法规及常识培训力度。使驾车人熟练掌握其相关内容,并树立起遵章守法的意识和职业道德修养,有规律的安排工作、休息时间,杜绝疲劳驾车。乘车人员应及时制止驾驶人员的疲劳驾车违章行为,树立"不伤害自己、不伤害他人、不被他人伤害"的安全行车理念。

案例二:疲劳驾驶,发生追尾

一、事故经过

2008年5月7日11时25分左右,在南环桥批发市场附近,忙碌了一天的驾车人驾驶一辆面包车由东向西向南环批发市场行驶,车上装满了用来装鱼的空箱子,行驶到该路段时,面包车驾车人精神怠倦,与其前面行驶的大货车发生追尾,面包车上共有三人不同程度受伤,面包车严重变形,玻璃碎片撒了一地,面包车驾车人的腿被变形的仪表盘卡住。事故发生后,消防官兵紧急到场,用救援顶杆将变形的驾驶座与仪表盘顶开,扩大救援空间。20分钟后,被困驾车人被救出,被迅速送往附近医院抢救。

二、事故原因

1. 面包车驾车人的安全意识不强,视安全如儿戏,明知自己忙碌了一天而继续疲劳驾驶。导致发生交通事故。

2. 乘面包车的三人明知驾车人精神恍惚,疲劳驾驶,不禁止,不提醒,害人害己。

3. 面包车驾车人面包车客货混载,客观上加大行车的安全隐患和伤害程度。

三、点评

该事故警示"疲劳驾车,似同犯罪"。我国疲劳驾驶情况比较多,如有的驾车人为了追求利润或某种原因昼夜行车,身心疲惫,遇到紧急情况,不知所措。有的驾车人不顾第二天有行车任务、通宵达旦玩扑克、打麻将、跳舞,致使第二天出车呈疲劳驾驶,造成事故后悔莫及。因此提醒驾车人朋友:"为你我他的生命健康,请将安全法规记在心中"。

第五节 争道抢行

一、争道抢行

争道抢行是指机动车驾驶人违反《中华人民共和国道路交通安全法》中让行规定,违反道路通行优先权的规定。

二、争道抢行的危害

车辆抢行潜藏着很大的安全隐患,无论是车与车之间的抢行,还是车与非机动车、行人之间的抢行,一不小心就会引发事故。

1. 车辆与非机动车、行人抢行时,驾驶人变得自我膨胀、丧失理智,过高估计自己能力,"开英雄车",从而埋下安全隐患。

2. 非机动车或一些行人无视交通信号灯、标志的存在,随意横穿道路或闯入机动车行驶道路,驾车人在降低警惕性时与抢行的非机动车或行人极易引发事故。

3. 机动车之间争道抢行时,驾驶人往往对他人的故意抢行非常反感,此时如驾驶人员避让不到位或不相让,"开斗气车"极易导致交通事故。事实证明,轻微磕碰交通事故近七成源于机动车变道抢行、右转抢行和路口遇交通拥堵抢行,而抢行也常常是重大交通事故的诱因。

4. 争道抢行,不仅带来了交通安全隐患,也是制造道路拥堵的"罪魁祸首",道路堵塞不仅仅影响他人的正常通行,尤其是阻碍了执勤的警车、救护车、消防车及公共设施抢险车,给社会和他人的生命财产造成严重的损失。

三、法律相关法规要求

(一)《中华人民共和国道路交通安全法》

第四十三条规定:同车道行驶的机动车,后车应当与前车保持足以采取紧急制动措施的安全距离。有下列情形之一的,不得超车:

(1)前车正在左转弯、掉头、超车的;

(2)与对面来车有会车可能的;

(3)前车为执行紧急任务的警车、消防车、救护车、工程救险车的;

(4)行经铁路道口、交叉路口、窄桥、弯道、陡坡、隧道、人行横道、市区交通流量大的路段等没有超车条件的。

第四十四条规定:机动车通过交叉路口,应当按照交通信号灯、交通标志、交通标线或者交通警察的指挥通过;通过没有交通信号灯、交通标志、交通标线或者交通警察指挥的交叉路口时,应当减速慢行,并让行人和优先通行的车辆先行。

第四十五条规定:机动车遇有前方车辆停车排队等候或

者缓慢行驶时,不得借道超车或者占用对面车道,不得穿插等候的车辆。

在车道减少的路段、路口,或者在没有交通信号灯、交通标志、交通标线或者交通警察指挥的交叉路口遇到停车排队等候或者缓慢行驶时,机动车应当依次交替通行。

第四十六条规定:机动车通过铁路道口时,应当按照交通信号或者管理人员的指挥通行;没有交通信号或者管理人员的,应当减速或者停车,在确认安全后通过。

第四十七条规定:机动车行经人行横道时,应当减速行驶;遇行人正在通过人行横道,应当停车让行。

机动车行经没有交通信号的道路时,遇行人横过道路,应当避让。

(二)《中华人民共和国道路交通安全法实施条例》

第四十七条规定:机动车超车时,应当提前开启左转向灯、变换使用远、近光灯或者鸣喇叭。在没有道路中心线或者同方向只有一条机动车道的道路上,前车遇后车发出超车信号时,在条件许可的情况下,应当降低速度、靠右让路。后车应当在确认有充足的安全距离后,从前车的左侧超越,在与被超车辆拉开必要的安全距离后,开启右转向灯,驶回原车道。

第四十八条规定:在没有中心隔离设施或者没有中心线的道路上,机动车遇相对方向来车时应当遵守下列规定:

(1)减速靠右行驶,并与其他车辆、行人保持必要的安全距离;

(2)在有障碍的路段,无障碍的一方先行;但有障碍的一方已驶入障碍路段而无障碍的一方未驶入时,有障碍的一方先行;

(3)在狭窄的坡路,上坡的一方先行;但下坡的一方已行至中途而上坡的一方未上坡时,下坡的一方先行;

(4)在狭窄的山路,不靠山体的一方先行。

第五十一条规定:机动车通过有交通信号灯控制的交叉路口,应当按照下列规定通行:

(1)在划有导向车道的路口,按所需行进方向驶入导向车道;

(2)准备进入环形路口的让已在路口内的机动车先行;

(3)向左转弯时,靠路口中心点左侧转弯。转弯时开启转向灯,夜间行驶开启近光灯;

(4)遇放行信号时,依次通过;

(5)遇停止信号时,依次停在停止线以外。没有停止线的,停在路口以外;

(6)向右转弯遇有同车道前车正在等候放行信号时,依次停车等候;

(7)在没有方向指示信号灯的交叉路口,转弯的机动车让直行的车辆、行人先行。相对方向行驶的右转弯机动车让左转弯车辆先行。

第五十二条规定:机动车通过没有交通信号灯控制也没有交通警察指挥的交叉路口,除应当遵守第五十一条第(二)项、第(三)项的规定外,还应当遵守下列规定:

(1)有交通标志、标线控制的,让优先通行的一方先行;

(2)没有交通标志、标线控制的,在进入路口前停车瞭望,让右方道路的来车先行;

(3)转弯的机动车让直行的车辆先行;

(4)相对方向行驶的右转弯的机动车让左转弯的车辆

先行。

第五十三条规定:机动车遇有前方交叉路口交通阻塞时,应当依次停在路口以外等候,不得进入路口。

机动车在遇有前方机动车停车排队等候或者缓慢行驶时,应当依次排队,不得从前方车辆两侧穿插或者超越行驶,不得在人行横道、网状线区域内停车等候。

机动车在车道减少的路口、路段,遇有前方机动车停车排队等候或者缓慢行驶的,应当每车道一辆依次交替驶入车道减少后的路口、路段。

第六十七条规定:在单位院内、居民居住区内,机动车应当低速行驶,避让行人;有限速标志的,按照限速标志行驶。

(三)《中华人民共和国刑法》

第133条规定:违反交通运输管理法规,因而发生重大交通事故,致人重伤,死亡或公共财产遭受重大损失的,处三年以下有期徒刑或者拘役。肇事后逃逸或有其他特别恶劣情节时,处三年以上七年以下有期徒刑。因逃逸致人死亡的处七年以上有期徒刑。

四、避免争道抢行提示

1. 驾驶人员应培养遵章守纪和"宁停三分,不抢一秒"的安全意识,自觉养成尊重他人、礼让他人先行的品质。

2. 遇行人,尤其是遇有儿童、老年人、残障人时,要注意观察,提前预测可能会发生的危险,减速慢行,注意避让。

3. 遇后方车辆鸣喇叭或闪灯催促超车时,应换位思考,及时让行。尤其是在拥挤的路段遇到其他车辆抢行"加塞"时,应保持良好的宽容的心情,尽量减速避让,不开"斗气车"。

第五章
典型交通肇事案例分析

4. 遇前方车辆行驶速度过慢,可在确认安全情况下从左侧超越,不可连续鸣喇叭或闪灯催促其让行。

5. 在复杂路段相遇时,应做到"礼让三先",即先让、先慢、先停。可通过手势示意行人或他车先行。对方车辆主动让行时,可以用手势或低声短促喇叭以示感谢。

6. 遇正在执行任务的警车、救护车、消防车及公共设施抢险车时,应尊重社会赋予他们的特殊权利,减速礼让,使其更好地服务于社会。

案例一:与非机动车抢行致人死亡

一、事故经过

某高校研究生骑车到同学处玩耍,返回学校途中,某建筑公司解放牌大货车带挂车由后面驶来,驾车人鸣号示意超越。由于前方道路右侧道路堆放大量木料占据路肩,骑车人听到鸣号后未予理会,继续行驶并发生摇晃,当自行车与汽车并行时,自行车前轮偏转与汽车右前轮发生刮擦,骑车人倒入汽车与挂车之间,被挂车右前轮碾压头部,当场死亡。

二、事故原因

1. 大货车驾车人不顾路面狭窄,占据道路左侧与自行车争道抢行,导致骑车人死亡,应负主要责任。

2. 公路管理部门对道路堆放大量木料占据路肩,既没有及时清理,又没摆放警示标志,管理不到位,对车辆安全运行埋下隐患。

3. 骑车人谭某听到骑车鸣号后未予理会避让,继续行驶并发生自行车摇晃,导致车祸事故。

三、点评

在路面宽度不能保证车辆按正常速度行驶、会车或超车时,汽车应减速避让。尤其是汽车与自行车相遇时应注意:当自行车与汽车相向行驶,骑车人容易对迎面而来的汽车产生恐惧心理,因而左右摇晃,容易发生正面碰撞事故。当自行车在汽车前方与汽车同向行驶时,由于骑车人背向汽车,恐惧心理减弱,易发生与汽车争道抢行。此时,若汽车贸然强行超越,极易发生事故。该事故告诉驾车人:"宁停三分为安全,礼让三先保平安"(三先即先让、先慢、先停)。

案例二:加速抢行绿灯致行人死亡

一、事故经过

2006年7月14日,某油田公司工程队驾车人,驾驶一辆江铃客货车,工程队副队长押车同行,在由南向北方向行驶经一交叉路口时,为抢先通过绿灯加速行驶,将由西向东横穿公路农民工刮到致重伤,送医院抢救无效死亡。

二、原因分析

1. 驾车人明知前面是交叉路口,并且有人行横道线,随时都可能有行人通过的情况下,却不注意瞭望。加速行驶通过绿灯,在紧急情况下刹车处理不当。

2. 行人违章闯红灯,交通安全意识淡薄。

3. 驾车人安全素质低,安全操作技术水平低,风险意识不强,危害识别不到位,针对紧急情况处理经验不足。

4. 副驾驶位置的工程队副队长,对驾车人的违章行为未及时予以制止和劝阻。

三、点评

有时抢绿灯比抢红灯要更加危险。因为由红灯变绿灯通行时,左侧行人和非机动车可能正在通过路口,而此时由于视线被左侧车道上的车辆遮挡,很难了解是否有行人或非机动车,以及他们的通行情况,急着通过路口很容易发生车与行人或非机动车的碰撞事故。所以驾驶人员应牢记:"十字路口易闯祸,一慢二看三通过"。

案例三:拖拉机违章左转抢行导致四人死亡

一、事故经过

2002年6月19日,某石油勘探局钻井工程公司一行四人,前往下属单位检查工作。工作结束后,21时左右,乘坐丰田3400越野车返回,当车行至一左慢弯转直道处,适遇前方同向行驶的村民驾驶的小型四轮带挂拖拉机,带挂车载乘一名民工,在国道某处,拖拉机突然左转向,由行车的慢车道通过超车道驶向道路中心隔离带豁口,车头部分进入隔离带豁口,挂车尚在超车道上,与在超车道行驶的丰田3400越野车碰撞,在撞击力的作用下,小型四轮拖拉机车体分离,车头置于道路隔离带豁口,挂车头北尾南侧翻90度置于13.9米外的隔离带及超车道上;丰田越野车右侧前翻360度加90度后头南尾北置于17米外的超车道上,造成丰田越野车上四人当场死亡,车辆严重受损;小型四轮拖拉机驾车人和乘车人轻伤,车辆局部受损,直接经济损失40万元。肇事小四轮拖拉机驾车人逃逸。

二、事故原因

1. 小型四轮拖拉机驾车人法制观念、安全意识淡薄,在没有充分瞭望确认安全的前提下突然左转向,由行车道通过超车道驶向道路中心隔离带豁口,导致交通事故发生。肇事后,拖拉机驾车人不积极抢救受害人和及时报警,选择肇事逃逸,应负全部责任。

2. 小型四轮拖拉机挂车后面无转向信号,违章上路行驶,为交通事故的发生埋下隐患。

3. 丰田越野车驾车人行驶速度较快,意外紧急情况出现时,采取措施不当,造成重大交通事故。

三、点评

该事故提醒我们:在混合公路上,人员车辆流量大、道路交叉口多,事故路段中心隔离带绿篱高、豁口多,不安全因素多、车辆运行环境复杂,易发生事故。对这些客观存在的风险,要求广大驾车人认真采取措施防范客观环境存在的风险,注意瞭望,遵章行驶,否者一旦遇险情无法及时采取紧急制动措施,容易引发交通事故。同时提醒广大驾车人,变道转向一定提前打转向灯,无转向信号灯的车辆及拖挂(如拖拉机挂车),应强行安装转向信号灯后才能上路。该事故警示我们:"抢行痛快一阵子,出事悔恨一辈子"。

同时该事故警示我们:发生交通事故之后,人民生命财产已造成了损失,肇事者本应承担相应责任,积极抢救受害人和及时报警,但为了躲避责任追究,肇事逃逸,想以一走了之来逃避责任追究,其性质之恶劣,既与道德背道而驰,也违背法律法规。老子曰:"天网恢恢,疏而不漏"。责任,是逃逸不了的,逃逸者自然会受到法律的严惩。

案例四:路口变道抢行二死四伤

一、事故经过

2008年6月15日8时51分,一辆深圳市巴士集团的245路公交大巴车由北行驶到路口时左转往东行驶,与由南往北直行行驶的一辆深圳市某运输有限公司的328路公交大巴车发生碰撞,导致245路大巴车上的两名乘客死亡,4名乘客轻伤的较大交通事故。

二、事故原因

1. 事故发生时两辆肇事车的车速都很快,在经过路口时,双方都未采取互相避让的措施,最终导致了交通事故的发生。

2. 在无交通信号控制的路口,左转的245路公交大巴车没有让直行的328路公交大巴车先行,应负事故主要责任。

三、点评

现场处理两大巴事故的交警痛心地说,无论谁缓一缓再走也不会发生这样的惨剧。从现场的惨烈情况看,事故大巴的速度应该很快,而且事后发现,两辆大巴都没有明显的刹车迹象。这起案例说明:应加大对驾车人的交通法律法规及常识培训力度,使驾车人掌握其相关内容,并树立起遵章守法的意识,提高驾驶的职业道德修养。

该事故警示我们:驾车人开车遇到平面交叉路口的通行原则是"宁停三分、不抢一秒"。"争道抢行、贻害无穷",小刚小蹭或许只是买个教训而已,酿成惨剧却悔之晚矣。

案例五:火车撞飞抢道卡车致二死二伤

一、事故经过

2004年07月3日10点45分左右,驾车人驾驶130卡车来到一铁道路口,道口有人举着黄色小旗准备拦住要通过的车辆,但这辆130卡车根本没停车,抢行通过道口,一列出京的火车撞到130卡车尾部,卡车随即失去控制冲向路边,将两名骑车男子撞飞,其中一人当场死亡,另一人送到医院后也抢救无效不幸死亡。卡车驾车人和副驾驶受轻伤。

二、事故原因

1. 卡车驾车人交通安全法制意识淡薄,不听监护员人工信号拦截,强行抢行铁道道口,导致二死二伤。应承担本次事故的全部责任。

2. 出事的道口有各种比较明显警示标志,但没有设护栏,存在安全隐患。当有火车通过时,全靠道口监护员人工拦截车辆。

三、点评

俗话说:"雨雾雪天上道口,瞭望好后再行走。各种车辆过道口,先看火车有没有"。出事的道口虽然没有护栏,但只要来往车辆的驾车人通行前,先停车观望,完全可以顺利通过。然而,有些驾车人似乎已习惯抢行,与火车抢行等于抢祸一样。因此应加大对驾车人安全意识和法律法规及常识教育力度,树立起遵章守法的意识,提高驾驶的职业道德修养。真正做到"交通法规记心中,人身安全在手中"。

第六节 超员超载

一、超员超载

超员超载是指车身承载的重量超过了车辆的承载能力。超载指货运车辆的货物重量超过行驶证核定的载质量或长度、高度、宽度某一项或多项超过规定限度。超员指客运车辆载客人数超过了核定人数。

二、超员超载的危害

1. 超员超载,容易导致车辆半轴、悬架、减震装置受损,对车辆使用寿命危害极大。超载会因轮胎负荷过大、变形过大、温度升高而爆胎,严重危及行车安全。

2. 超员超载会严重影响车辆的转向性能、制动效能,易因转向失控、制动失效或制动距离延长而导致车辆事故。

3. 超员超载的车辆在转弯时会受较大的离心力的影响,造成重心偏离,从而引起车辆侧翻事故。

4. 车辆装载超过车厢宽度时,会影响驾驶人对后侧情况的判断,同时也影响其他车辆及行人的视线,在车辆转弯、倒车时更加危险。

5. 车辆超员超载会造成动力性能下降。爬坡时容易因动力不足而导致发动机熄火,引发转向失控、制动失灵等危险。超载车辆下坡,尤其在道路条件差的地区时,车辆整体重心前移,极易发生翻车事故,而且载重量越大,纵翻的可能性就越大,对安全构成了巨大威胁。

6. 由于车辆违法超载,往往给驾车人造成心理压力,操作时容易出现失误,从而导致事故的发生。

三、法律法规的要求

(一)《中华人民共和国道路交通安全法》

第四十八条规定:机动车载物应当符合核定的载质量,严禁超载;载物的长、宽、高不得违反装载要求,不得遗洒、飘散载运物。

机动车运载超限的不可解体的物品,影响交通安全的,应当按照公安机关交通管理部门指定的时间、路线、速度行驶,悬挂明显标志。在公路上运载超限的不可解体的物品,并应当依照公路法的规定执行。

第四十九条规定:机动车载人不得超过核定的人数,客运机动车不得违反规定载货。

第五十条规定:禁止货运机动车载客。货运机动车需要附载作业人员的,应当设置保护作业人员的安全措施。

第九十二条规定:公路客运车辆载客超过额定乘员的,处二百元以上五百元以下罚款;超过额定乘员百分之二十或者违反规定载货的,处五百元以上二千元以下罚款。

货运机动车超过核定载质量的,处二百元以上五百元以下罚款;超过核定载质量百分之三十或者违反规定载客的,处五百元以上二千元以下罚款。

有前两款行为的,由公安机关交通管理部门扣留机动车至违法状态消除。

运输单位的车辆有本条第一款、第二款规定的情形,经处罚不改的,对直接负责的主管人员处二千元以上五千元以下罚款。

(二)《中华人民共和国道路交通管理条例》

第五十五条规定:机动车载人应当遵守下列规定:

公路载客汽车不得超过核定的载客人数,但按照规定免票的儿童除外,在载客人数已满的情况下,按照规定免票的儿童不得超过核定载客人数的10%。

(三)《中华人民共和国公路法》

第五十条规定:超过公路、公路桥梁、公路隧道或者汽车渡船的限载、限高、限宽、限长标准的车辆,不得在有限定标准的公路、公路桥梁上或者公路隧道内行驶,不得使用汽车渡船。超过公路或者公路桥梁限载标准确需行驶的,必须经县级以上地方人民政府交通主管部门批准,并按要求采取有效的防护措施;运载不可解体的超限物品的,应当按照指定的时间、路线、时速行驶,并悬挂明显标志。

运输单位不能按照前款规定采取防护措施的,由交通主管部门帮助其采取防护措施,所需费用由运输单位承担。

四、安全装载提示

1. 装载货物时,应注意货物外包装的名称、储运图案标志、货物重量、数量,严格遵守安全操作规程,合理装载货物,捆扎牢固,遮盖严密。不野蛮装卸,不超载,保证货物安全。

2. 槽罐车装载前,应检查车辆设备是否完好,罐装时应保留足够的膨胀余量,以便能经受在正常运输条件下产生的内部压力;灌装完成后,应及时关好闸门,检查罐装及附件不得有渗漏。

3. 运输危险货物时,应专车运输,驾驶人员、押运人员及车辆等证照齐全。

4. 超限车辆运输前,根据行车路线,按规定向相应级别的公路管理机构提出书面申请,并提交相应材料经审批,取得《超限运输车辆通行证》。超限车辆货物装载时,应按照货物体积和质量要求合理布置、捆绑牢固、悬挂明显的标志旗、标志灯。运输时按公路管理机构核定的时间、路线和时速行驶,注意沿途的桥梁、隧道、高架电缆等设施的高度、宽度。

5. 运载乘客时,不得超过车辆核准的载客人数。乘客的行李应通过安全检查,行李的物品、尺寸、数量、重量应符合安全规定。行李应放置在车厢指定的位置,禁止在门道或过道上放置行李。

案例一:超载客车,坠入水中,酿成惨剧

一、事故经过

2005年8月29日10时30分,一辆扬州产亚星牌41座大客车,载客36人(含驾车人、售票员)往某方向行驶,沿途多处搭载散客。当客车行至某线20千米+974米处时,车上

载客已达67人。再加上车速过快,由于驾车人操作不当,大客车冲出道路右侧,翻下35米深的悬崖后坠入河中,造成车上乘客36人当场死亡,24人受伤,车辆报废的特大交通事故。

二、事故原因分析

1. 大客车辆严重超载26人(客车定位41座,载客67人)。

2. 肇事路段路面存在行车安全隐患,该路面存在两条深0.25米、宽0.45米、长6米的坑槽,有较小弧度的弯道。

3. 大客车速过快,当车行至该路段时,仍以35千米每小时的车速向前行驶,驾车人操作不当,致使客车右侧前后轮驶出路坎,翻入河中。

三、点评

超限超载,一是对公共安全的漠视,对他人和自己的生命健康、财产的犯罪;二是对公共财产的滥用,超限超载车辆在道路上行驶,对道路造成损坏,使得这一有限资源被不正当使用,不仅侵犯了他人的权利,剥夺了他人使用道路的机会,而且也增加了纳税人的负担;三是对公平竞争经济秩序的破坏,超限超载刚出现时是车辆用户为了获取暴利,但当社会出现"趋同"现象时,就必然造成恶性竞争,一方面"驱逐"了不超载的合法经营者,另一方面又使得超限超载自身走向"微利"乃至"亏损"状态,"不超限超载就不能挣钱"恰恰是超限超载的恶果。所以"违章超载,得不偿失;超载超速,危机四伏"。

案例二:中巴车违法超载,三十二人憾恨九泉

一、事故经过

2004年5月5日早晨7时30时,某县一辆中巴车载有共计49名乘车人员,其中有某中学学生和教师(43人)赴镇参加考试。中巴车行驶至长厅岭下坡转弯地段,中巴车失控,向右冲出道路,翻入落差51.08米(其中水深9.3米)的水库中,造成32人死亡,17人受伤,车辆报废,直接经济损失达258万元。

二、事故原因

1. 中巴车严重违法超载驾驶,车辆额定载客19人,实载49人。下坡(纵坡最高达11.3%)行驶时,车上超载前倾,前轮负荷加重,导致车辆的驾驶机动性能以及制动性能受到严重影响,不能正常减速和转弯。

2. 车辆安全状况差,带病行驶,不符合行车安全要求。该车辆后轮制动分泵漏油严重,制动失效。右前轮挡泥板与轮胎有摩擦痕迹,没有驻车制动,转向系统自由行程过大。

3. 安全意识淡薄。该校校长和车主事前就决定违法超载、超核定营运范围行驶。

三、点评

常言道:"多拉快跑,凶多吉少"。该事故警示我们,驾车人及客户要树立安全意识,以乘客的生命为重,绝不能因利益驱动而违法载客。确保行车安全。驾驶车辆应自觉遵守法律法规,严禁违法超载,更不能违法驾驶"病车"上路行驶。

案例三:超载卡车失控起火酿成惨祸

一、事情经过

2004年5月12日10时左右,一辆满载工字钢卡车由某工地开出。当车辆行驶到某立交桥附近;因前方出现堵车并设有路障,卡车驾车人紧急避让,但因车辆严重超载,卡车突然失控,冲入绿化隔离栏后,后部拖车上的14根工字钢因巨大惯性向前冲去,将车头铲平,并将一个路灯拦腰撞断,车辆随即起火。消防部门闻讯迅速救火,不久火被扑灭。卡车头内被困的两人被救出车外,但均已不幸身亡。

二、事故原因

1. 卡车满载工字钢严重超载,经现场核实,出事卡车的载重能力为36吨,而实际载货在56吨以上。

2. 卡车驾车人瞭望不够,车速较快,遇前方路障驾车人处置不当,造成卡车失控起火。

三、点评

"车辆超载一吨,危险增加十分"。机动车机件都有固定承受力和使用寿命,车辆超载致使部件非正常"磨合",磨损加剧,车辆寿命陡减。车辆超载超负荷运转,极易"积劳成疾"。特别是前后桥、大梁、钢板等安全部位磨损加剧,致使整车安全状况降低,缩短了车辆寿命。同时车辆超载能使车辆制动、转向等性能降低。在运行时会使刹车失灵,驾车人再疏忽大意,遇紧急情况或急转弯时会失控、侧翻,极有可能酿成悲剧。真是"违章超载,害人害己"。

第七节　车辆带病运行

一、车辆带病

车辆带病是指车辆机件不符合技术要求。驾驶存在安全隐患的带病车辆容易导致交通事故的发生,尤其是当车辆转向、制动、灯光、轮胎等设备存在隐患时,更加大了造成事故的可能性。

二、车辆带病运行危害

1. 车辆转向系统存在安全隐患,会导致转向突然失灵或失控,驾驶人无法控制车辆行驶方向而引发交通事故。

2. 车辆制动系统存在安全隐患,会导致车辆制动突然失灵,致使车辆制动距离增长甚至无法实现减速停车的后果。

3. 车辆近光灯、远光灯出现故障时,会使驾驶人视线不清,视野变窄,不能及时准确地判断前方道路情况。转向灯、制动灯和示廓灯等出现故障,其他车辆驾驶人员或行人难以及时辨识该车驾驶人的行车意图,不能及时采取避让措施。

4. 轮胎严重磨损时,容易导致制动距离延长、制动侧滑,甚至有爆胎的危险。

5. 车辆内、外后视镜破损或缺失,驾驶人无法观察车辆两侧及后方的交通情况,形成驾驶盲区,使得变更车道、超车、转向及倒车等操作变得非常危险。

6. 仪表盘指示灯或指针不能正常工作时,驾驶人难以及时发现车辆的不良运行状况,如发动机温度过高,车辆超速不能及时反映,会严重威胁行车安全,甚至造成交通事故。

三、法律相关法规要求

1.《中华人民共和国道路交通安全法》第二十一条规定:驾驶人驾驶机动车上道路行驶前,应当对机动车的安全技术性能进行认真检查;不得驾驶安全设施不全或者机件不符合技术标准等具有安全隐患的机动车。

2.《道路货物运输及站场管理规定》(中华人民共和国交通运输部令2008年第9号)第十九条规定:道路货物运输经营者应当建立车辆技术管理制度,按照国家规定的技术规范对货运车辆进行定期维护,确保货运车辆技术状况良好。

货运车辆的维护作业项目和程序应当按照国家标准《汽车维护、检测、诊断技术规范》(GB 18344)等有关技术标准的规定执行。

第五章
典型交通肇事案例分析

3.《道路旅客运输及客运站管理规定》(中华人民共和国交通运输部令 2009 年第 4 号)第三十四条规定:客运经营者应当依据国家有关技术规范对客运车辆进行定期维护,确保客运车辆技术状况良好。

客运车辆的维护作业项目和程序应当按照国家标准《汽车维护、检测、诊断技术规范》(GB 18344)等有关技术标准的规定执行。

四、避免驾驶带病车辆提示

1. 加强驾驶人员的安全教育培训,牢固树立安全第一的观念,坚决不驾驶带病车辆上路。

2. 定期维护保养,保证车辆技术性能处于良好状态。定期参加车辆检测、按照车辆使用说明定期对关键部件进行保养维护,及时发现车辆存在的问题并得到处理,提高车辆的技术性能。

3. 坚持"三检制",每日出车前、收车后的例行安全检查。检查燃油、润滑油、冷却液有无渗漏,转向盘、制动踏板自由行程是否正常,灯光是否齐全完好,轮胎气压是否正常。行车中注意监测发动机是否正常,关注仪表盘,及时发现异常情况。

4. 拒绝超载,保持车辆性能完好。超载、超速对车辆性能的影响很大,极易导致制动失效、轮胎磨损等故障的发生,对于执行长途任务的驾驶人来说,这一点显得尤为重要。

5. 对到期报废车辆能及时报废,更新车辆,提高车辆的本质安全。

五、车辆运行过程突发故障应急处置提示

1. 车辆爆胎时,应在控制住方向的情况下,轻踏制动踏

板,使车辆缓慢减速,逐渐平稳地停靠于路边。不要采用紧急制动,以免造成翻车或后车采取制动不及时导致追尾事故。

2. 制动突然失效时,驾驶人员首先保持冷静,握稳方向盘,避让障碍物时,要掌握"先避人,后避物"原则。抢挂低速挡,利用发动机减速,待车速有所降低后,再使用驻车制动器制动停车。如遇下坡道或车速难以控制时,可利用车前保险杠侧面蹭刮路边障碍物(山坡、树木、墙体等),迫使车辆停住。

3. 转向失控时,安装防抱死制动装置(ABS)的车辆制动时,可用力踏制动踏板。未安装制动防抱死装置(ABS)的车辆,应松抬制动踏板,再连续踩踏、放松制动踏板,平稳制动。

4. 行驶过程发动机突然熄火时,不要立即采取制动,先尝试再次启动,如启动成功,应减速靠边停车检查,排除故障后再行驶。如启动失败,应开启危险报警闪光灯,利用惯性将车滑向路边停车,做好车辆的防护后检查熄火原因。

案例一:半轴断裂导致的重大交通亡人事故

一、事故经过

1999年6月2日下午1:40左右,某油田收费所驾车人驾驶吉普车送两人去考察锅炉返回时,该车行至某路5千米+136米处,由于后半轴突然断裂,右后轮甩出造成该车侧滑,与相向行驶的某物业公司驾车人驾驶的客货车相撞,造成吉普车车内的两名乘车人甩出车外当场死亡,驾车人送医院抢救无效死亡,客货车内的一名乘车人当场死亡。导致四人死亡,四人重伤,车辆报废的重大交通事故。

第五章
典型交通肇事案例分析

二、原因分析

1. 吉普车右后轮半轴专项检查和维修保养不到位,存在严重事故隐患,在行驶途中突然折断,车身横滑到对向车道,造成事故发生。

2. 吉普车和客货车双方车辆行驶速度过快,遇紧急情况,采取措施不当。

3. 吉普车司乘人员没有扎系安全带,导致部分人员甩出车外,造成了更大伤亡。

三、点评

俗话说:"勤查勤检,消除隐患;一时疏忽,必出事故"。机动车灯光、传动、制动等一些部件在使用过程中易出现故障,如不及时发现,这些车辆"带病"上路,存在严重的事故隐患,会直接影响乘驾人员的安全。因此应加强管理车辆。对机动车定期进行检车鉴定,强化日常对车辆的检查及维护保养,及时排除安全隐患,出车时坚持安全教育,提高驾驶人员的风险意识。认真执行"三检制"要求,确保车辆安全运行。驾车人应牢记:"多一次检查多一张笑脸。多一次要求多一家团圆"。

案例二:轮胎爆裂翻车事故

一、事故经过

2004年6月6日,某物探公司驾车人驾驶皮卡轿货车,搭乘一名材料员,一名机修工从花土沟工区回冷湖营地。10时10分行驶至国道某线1113千米处时,车辆左前胎突然爆裂,车身向左前方倾斜,驾车人向右打方向致使车辆以左侧着地翻滚在道路上。驾车人、材料员头部严重受伤,机修工受轻伤。

由于该路段地处戈壁,荒无人烟,事故发生后一个多小时即11时20分,某公安局一副局长路过事故现场发现后才通知120和交警。13时40分左右120急救中心才到达现场进行救护,此时离事故发生已过了三个多小时,驾车人和材料员因失血过多已经死亡,机修工被立即送往医院治疗。此事故造成二人死亡,一人受伤。

二、原因分析

1. 事故路段处于铺路垫石的施工后期,运行路面结构突变,左前胎被突出的坚硬岩石划破,造成轮胎突然爆裂翻车。

2. 驾车人超速(规定时速 60 千米,实际时速 90 千米)行驶,遇路面变化和车辆爆胎等意外情况时临危处置不当,当轮胎爆裂车辆向左倾斜时又向右猛打方向,使车辆受动力和惯性影响发生翻滚。

3. 驾车人和乘车人员安全意识淡薄,驾车人和乘车人员不系安全带。加上施工地点方圆 130 千米无人烟、沙漠一片、无手机信号等风险没有提出安全措施,使荒漠戈壁施工通信无保障,伤者得不到及时救助而死亡,导致事故扩大。

4. 驾车人技术素质偏低,经验不足,没有执行"三检制"要求。对长城皮卡车型有这样的特点前低后高、前重后轻的运行中一带刹车和打方向都有翻车的可能性认识不足。

三、点评

该事故警示我们:"驾驶病车行,代价血淋淋"。驾车人所在单位要全面清理、检查运行车辆,确保车辆的完好状态,而且要建立适宜当前的道路交通安全管理规定,结合实际情况,严格执行"三检制",除做好出车前检查外,行车过程中必须随时检查车辆,保证转向、灯光、车胎等完好,胎压满足道路行驶要求。在施工作业区域,百千米范围内无通信条件的地方、施工作业车辆必须安装确保通信畅通的通信设备,并随时监控。同时所有驾车人必须严格执行上车后系安全带的规定,对不系安全带的驾车人一经发现,除进行罚款外,立即停车培训。安全驾驶做到:"只有防微杜渐,才能防患未然"。

案例三:制动出故障伤人

一、事故经过

2000年1月10日上午10时,某厂采油队生产干部,驾驶本队客货车带领三名维修人员去矿区拉运电机,当车辆行驶到某路距离采油队计量间后土路大约200米时,一辆工程电焊车突然从土路行驶到该路面上并停止行驶,而此时又有一辆农用三轮车迎面驶来,采油队生产干部紧急刹车处理,由于刹车制动不良,造成客货车与工程电焊车追尾,致使车内一名工人重伤。

二、原因分析

1. 有驾驶执照的采油队生产干部因生产急需临时开客货车,在出车前对车辆检查不到位,刹车制动不良故障未被及时发现,导致刹车不及时造成事故。

2. 工程电焊车突然从土路右转行驶到该路面上时,没有让直行车辆先行,且在路面停留造成路面狭窄,也是造成事故的另一原因。

三、点评

俗话说:"试试刹车灵不灵,病车不准上路行"。车辆单位要认真吸取这起事故的惨痛教训,牢固树立"安全第一"的思想,从讲政治,保稳定,促发展的高度认识安全生产工作的极端重要性。完善各项交通制度,车辆出行要实行严格的"三检制",做到"安全系万家,防患做到家"。

第八节 违反(交通)信号

一、违反交通信号

交通信号是指在道路交通安全通行中指挥、引导车辆行进和停止及其他指向的,保证交通安全方向的特定标志或者其他引导传递符号。包括以光色、手势表示的信号和标志、标线表示出指挥、引导意图等。

违反交通信是指驾驶人违反《中华人民共和国道路交通安全法》规定的交通信号灯、交通标志、交通标线和交通警察的指挥的驾驶行为。

二、违反交通信号的危害

1. 驾驶人过高估计自己的驾驶技术,不遵守交通信号规则,抢红灯、强行超车等,严重威胁别人和自己的生命财产安全,对自己和他人的生命不负责任,迟早会造成交通事故。

2. 驾驶人违反交通信号抢行时,往往注意力集中在交通信号上,忽略对周边交通情况的全面观察,容易造成交通事故。

3. 连续转弯标志、山体落石标志、路面湿滑标志等警告标志通常提前会在路侧设置,如驾驶人对这些交通标志视而不见,或不遵守这些交通标志,不能提前采取措施,突遇险情极易发生交通事故。

三、相关法规要求

(一)《中华人民共和国道路交通安全法》

第二十五条规定:全国实行统一的道路交通信号。交通信号包括交通信号灯、交通标志、交通标线和交通警察的指挥。

第二十六条规定:交通信号灯由红灯、绿灯、黄灯组成。红灯表示禁止通行,绿灯表示准许通行,黄灯表示警示。

第三十八条规定:车辆、行人应当按照交通信号通行;遇有交通警察现场指挥时,应当按照交通警察的指挥通行;在没有交通信号的道路上,应当在确保安全、畅通的原则下通行。

第四十四条规定:机动车通过交叉路口时,应当按照交通信号、交通标志、交通标线或者交通警察的指挥通过;通过没有交通信号、交通标志、交通标线或者交通警察的指挥的交叉路口时,应当减速慢行,并让行人和优先通行的车辆先行。

第一百零五条规定:道路施工作业未及时设置警示标志、未采取防护措施,致使通行的人员、车辆及其他财产遭受损失的,负有相关职责的单位应当依法承担赔偿责任。

第五章
典型交通肇事案例分析

(二)《中华人民共和国道路交通安全法实施条例》

第二十九条 交通信号灯分为:机动车信号灯、非机动车信号灯、人行横道信号灯、车道信号灯、方向指示信号灯、闪光警告信号灯、道路与铁路平面交叉道口信号灯。

第三十条 交通标志分为:指示标志、警告标志、禁令标志、指路标志、旅游区标志、道路施工安全标志和辅助标志。

道路交通标线分为:指示标线、警告标线、禁止标线。

第三十一条 交通警察的指挥分为:手势信号和使用器具的交通指挥信号。

第三十八条 机动车信号灯和非机动车信号灯表示:

(1)绿灯亮时,准许车辆通行,转弯的车辆不得妨碍被放行的直行车辆、行人通行;

(2)黄灯亮时,已越过停止线的车辆可以继续通行;

(3)红灯亮时,禁止车辆通行。

在未设置非机动车信号灯和人行横道信号灯的路口,非机动车和行人应当按照机动车信号灯的表示通行。

红灯亮时,右转弯的车辆在不妨碍被放行的车辆、行人通行的情况下,可以通行。

第三十九条 人行横道信号灯表示:

(1)绿灯亮时,准许行人通过人行横道;

(2)红灯亮时,禁止行人进入人行横道,但是已经进入人行横道的,可以继续通过或者在道路中心线处停留等候。

第四十条 车道信号灯表示:

(1)绿色箭头灯亮时,准许本车道车辆按指示方向通行;

(2)红色叉形灯或者箭头灯亮时,禁止本车道车辆通行。

第四十一条 方向指示信号灯的箭头方向向左、向上、向右分别表示左转、直行、右转。

第四十二条 闪光警告信号灯为持续闪烁的黄灯,提示车辆、行人通行时注意瞭望,确认安全后通过。

第四十三条 道路与铁路平面交叉道口有两个红灯交替闪烁或者一个红灯亮时,表示禁止车辆、行人通行;红灯熄灭时,表示允许车辆、行人通行。

四、道路交通标志和标线提示

道路交通标志和标线是用图案、符号、文字传递交通管理信息,用以管制及引导交通的一种安全管理设施。

（一）交通标志分为七大类

1. 警告标志:形状通常为等边三角形,黄低、白色边框、黑色图案。警告车辆和行人注意危险地点的标志。

注意人行道　　　　　　注意非机动车

2. 禁令标志:形状通常为圆形、八角形或顶角向下的等边三角形,白低、红圈、红杠边框、黑色图案、图案压杠。用来禁止或限制车辆、行人交通行为的标志。

禁止左向右转弯　　　　　禁止通行

3. 指示标志:形状通常为圆形、长方形或正方形,蓝低、白色图案。指示车辆、行人行进的标志。

第五章
典型交通肇事案例分析

最低限速　　　单行路 直行　　　人行横道

4. 指路标志：形状通常为长方形或正方形，一般道路为蓝低、白色图案。高速公路之路标志为绿低白图案。用来传递道路方向、地点、距离的信息。

十字交叉路口　　　　　出口预告
车辆需走减速车道由"14A"出口

5. 旅游区标志：形状通常为长方形或正方形，棕色低、白色字符图案。提供旅游景点方向、距离的标志。

6. 道路施工安全标志：形状通常为长方形，蓝低、白字。通告道路施工区通行的标志。

7. 辅助标志：形状通常为长方形，白低、黑字、黑边框。附设于主标志下，起辅助说明使用的作用。

坍　方

(二)道路交通标线分为三大类

1. 指示标线：指示车行道、行车方向、路面边缘、人行道等设施的标线。

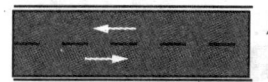
双向两车道路面中心线

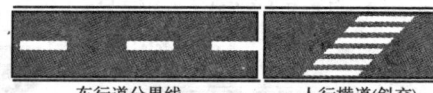
车行道分界线　　　　人行横道(斜交)

2. 禁止标线：告示道路交通的遵行、禁止、限制等特殊规定，车辆驾驶人员及行人需要严格遵守的标线。例如，中心黄色双实线告示禁止车辆越过双实线行驶、超车、向左转向和压线行驶。中心黄色虚实线告示实线一侧车辆禁止越线超车、向左转向，虚线一侧准许车辆在安全条件下越线超车、向左转向。

中心黄色双实线

中心黄色虚实线

3. 警告标线：促使车辆驾驶人员及行人了解道路上的特殊情况，提高警觉，准备防范应变措施的标线。

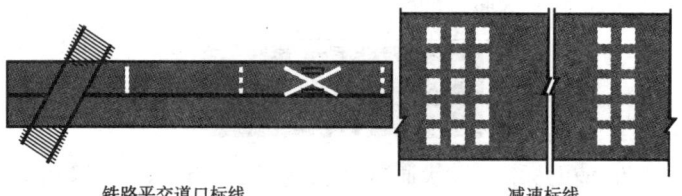
铁路平交道口标线　　　　　　减速标线

第五章
典型交通肇事案例分析

五、手势信号提示

交通警察手势信号(以下简称"手势信号")在道路交通中具有最高的执行效力。手势信号包括停止信号、直行信号、左转弯信号、左转弯待转信号、右转弯信号、变道信号、减速慢行信号、示意车辆靠边停车信号。交通警察在夜间没有路灯、照明不良或者遇有雨、雪、雾、沙尘、冰雹等低能见度天气条件下执勤时,可以用右手持指挥棒,按照手势信号指挥。

1. 停止信号:左臂向前上方直伸,掌心向前,不准前方车辆通行。

2. 直行信号:左臂向左平伸,掌心向前;右臂向右平伸,掌心向前,向左摆动,准许右方直行的车辆通行。

停止信号

直行信号

3. 左转弯信号:右臂向前平伸,掌心向前;左臂与手掌平直向右前方摆动,掌心向右,准许车辆左转弯,在不妨碍被放行车辆通行的情况下可以掉头。

左转弯信号

左转弯待转信号

4. 左转弯待转信号:左臂向左下方平伸,掌心向下;左臂与手掌平直向下方摆动,准许左方左转弯的车辆进入路口,沿左转弯行驶方向靠近路口中心,等候左转弯信号。

5. 右转弯信号:左臂向前平伸,掌心向前;右臂与手掌平直向左前方摆动,手掌向左,准许右方的车辆右转弯。

6. 变道信号:右臂向前平伸,掌心向左;右臂向左水平摆动,车辆应当腾空指定的车道,减速慢行。

右转弯信号

变道信号

7. 减速慢行信号:右臂向右前方平伸,掌心向下;右臂与手掌平直向下方摆动,车辆应当减速慢行。

8. 示意车辆靠边停车信号:左臂向前上方平伸,掌心向前;右臂向前下方平伸,掌心向左;右臂向左水平摆动,车辆应当靠边停车。

减速慢行信号

示意车辆靠边停车信号

第五章
典型交通肇事案例分析

案例一："闯红灯"引发的亡人悲剧

一、事故经过

2005年5月10日凌晨3:30左右,某人开着面包车,带着19岁的儿子去进货。车经路口时,与对向一辆重型自卸车相撞,满载泥沙的自卸车侧翻,将父子二人的面包车压扁。自卸车驾车人、面包车上的父子共三人全部死亡。

二、原因分析

1. 交警勘察了现场。事故发生时路口是由箭头信号灯自动控制的,但两车在路口中间相撞,说明必然有一方闯红灯,引发了事故。

2. 双方通过路口时,速度太快,刹车不及时。

三、点评

在这起死亡三人的重大事故中,如果当时没有人闯红灯,悲剧就可以避免。如果双方通过路口时,速度不是很快,刹车还来得及。即使碰撞了,事故的后果也不会这么严重。

该事故提醒我们:"红灯短暂,生命无限"。虽然夜间路面上人少、车少,但夜间行车的驾车人还是要遵守交通法规,必须按信号灯指示行驶、按车道行驶。

案例二:"闯黄灯"引发的亡人惨剧

一、事情经过

12月1日下午,某中学生骑车到学校上课,途经交叉路口时,一辆小轿车急速驶来,与其撞个正着,中学生被连人带车撞出10多米,当即昏迷不醒,后经抢救无效死亡。据交警大队的事故调查表明,驾驶该车的驾车人当时看见绿灯闪烁、黄灯亮起,为了抢时间通过十字路口,加大油门高速行驶,结果引发车祸。

第五章
典型交通肇事案例分析

二、原因分析

1. 事故发生时十字路口信号灯自动控制的黄灯亮起，驾车人不减速停车而闯黄灯，且速度太快，刹车不及时，应负全部责任。

2. 中学生骑自行车通过路口时，没注意避让往来车辆，也是造成事故原因之一。

三、点评

交通安全需要"三让"，即车让人，让出一份文明；人让车，让出一份安全；车让车，让出一份秩序。但在现实中，有不少驾车人驾车到路口时，看到绿灯闪烁、黄灯亮起，非但不减速，反而是加大油门冲过去，往往就是在这几秒钟之间，路口最容易发生车祸。交警部门提醒：如果黄灯亮起，车辆仍强行越过停车线的，将被视为交通违法行为，交通民警有权依照有关法规，进行严厉处罚。

都说闯红灯危险，实际上闯黄灯的危险也很大，而且闯黄灯的人要多于闯红灯，闯黄灯因此成为十字路口发生交通事故的主要原因之一。驾驶车辆应切记："逞一时之勇，得一世之悔"。

案例三：违反交通标志酿苦果

一、事情经过

2004年9月10日13时，某村民驾驶二轮摩托车行驶到某乡某路段,在超越前方的货车时,越过道路中心双黄实线驶入道路左侧,由于其在超车过程中采取措施不当,与迎面驶来的箱式货车正面相撞,造成该村民及二轮摩托车乘车人当场死亡。箱式货车为避让二轮摩托车驶入右侧边沟,撞在路边树上,造成车辆严重损坏。案发后箱式货车驾车人没有向交警部门报案,弃车逃逸。

二、原因分析

1. 村民在超车过程中违章越过道路中心双黄实线驶入道路左侧,由于采取措施不当,与箱式货车正面相撞,造成两人死亡的交通事故。

2. 箱式货车驾车人在出事后不向交警部门报案,弃车逃逸,加重了违法后果,应承担主要责任。

三、点评

该事故提醒我们:"信号标志和标线,按章行驶最安全"。该案例中二轮摩托车驾车人违反交通标志、标线,随意在双黄线处违章超车掉头引发交通事故,给自己的生命画上了句

第五章
典型交通肇事案例分析

号。本应承担次要责任的箱式货车驾车人想以一走了之来逃避责任,其性质非常恶劣,既违犯法律法规,也与道德背道而驰,理应受到加重处罚。驾车人请牢记"为了您和他人的幸福,请自觉遵守交通法规"。

案例四:施工违规摆放交通标志,七车追尾,千辆车动弹不得

一、事情经过

某施工单位在高速交叉路面施工时,在施工地段 2 米处摆放了锥形筒隔离部分通行路段。一辆正常行驶的大货车到该施工路段。因车道突然变窄,货车驾车人紧急踩刹车,导致大货车后面的轻卡追尾前方,而轻卡后面另外 5 辆车陆续追尾撞在一块,三名驾车人受伤。原本通行不畅的路面立即陷入瘫痪,上千辆车动弹不得。为尽快救出伤者,遇堵的救护车只能从禁止车辆驶入的路段逆行进高速路,将受伤的人员救出。

二、原因分析

1. 事故的诱因是施工路段交通标志摆放不规范,安全距离不够。

2. 大货车速度较快,瞭望不够,未能提前减速行驶。

3. 大货车后面的轻卡骄货车及其后面另外5辆车安全行车间距不够,遇突发情况处置不当,导致车祸发生。

三、点评

该事故反映出:"放过一件事故隐患,等于埋下定时炸弹"。车祸现场的交通标志埋下事故隐患。正确交通标志的摆放方式是:在车道变窄前方150米处,必须摆放"前方施工、车辆减速"等警示标志。同时车辆行驶应随时保持安全车距,谨防追尾。驾车人应树立"行路慎为本,开车礼当先"的思想。

第九节 不系安全带

一、不系安全带

不系安全带是指驾驶人或乘车人在车辆行驶时,有意未使用或未有效使用安全带的行为。

二、不系安全带的危害

1. 伤亡率升高。如果没有安全带的保护,车辆在碰撞或紧急制动的瞬间,巨大的惯性会使驾驶人及乘车人与厢内部结构(方向盘、挡风玻璃)及人员之间等发生碰撞,而且车祸中后排未系安全带的乘客猛烈撞击前排坐椅,会对驾车人或前排的乘客形成极大的冲击,使他们在车祸中死亡的概率增加大约5倍。严重时会将驾、乘人员被抛出车外,伤亡率大大升高(研究表明,当车辆以每小时40千米的速度行驶静态物发生碰撞时,身体前冲的力量就相当于从4层楼上扔下一袋50千克重的水泥块)。

2. 对于具有安全气囊装置(简称SRS)的车辆,不系安全带更加危险,因为安全气囊膨出时的爆发力很强,如果没有安全带的保护,会对人体造成严重的伤害。

三、安全带的作用

安全带的防护作用一是对抗撞车时起到的减速度,使驾、乘人员不致与方向盘、仪表板、挡风玻璃等物品发生撞击。二是防止驾、乘人员被抛出车外。调查数据显示:在一次可能导致死亡的车祸中,安全带的使用可使车内人员生还的几率提高60%,发生正面撞车时,系了安全带可使死亡率减少57%;侧面撞车时可减少死亡率44%;翻车时可减少死亡率80%。

四、相关法规要求

《中华人民共和国道路交通安全法》第五十一条之规定"机动车行驶时,驾驶人、乘坐人员应当按规定使用安全带,摩托车驾驶人及乘坐人员应当按规定戴头盔。"

公安部1992年11月15日发布《关于驾驶和乘坐小型客车必须使用安全带的通知》,规定上路行驶的小型客车驾驶人和前排乘车人必须使用安全带,并于1993年7月1日起生效。凡不按规定使用安全带的驾驶人或乘车人,一律处以警告或者5元罚款。

《机动车驾驶证申领和使用规定》附件3规定,机动车行驶时,机动车驾驶人、乘坐人员未按规定系安全带的,一次记2分。

五、正确使用安全带提示

1. 要经常检查安全带的技术状态,如有损坏应立即更换。

2. 要正确使用。安全带要尽量系在髋部和胸前,只能一个人使用,严禁双人共用,不要将安全带扭曲使用。

3. 使用安全带时不要让其压在坚硬易碎的物体上,如口袋里的手机、眼镜、钢笔等。

4. 坐椅上无人时,要将安全带送回卷收器中,将扣舌置于收藏位置,以免在紧急制动时扣舌撞击在其他物体上。

5. 不要让坐椅背过于倾斜,否则影响使用效果。安全带的扣带一定要扣好,防止受外力时脱落而不能起到保护作用。

第五章
典型交通肇事案例分析

6. 使用三点式安全带,应能同时跨过腹部以下部位并横跨在肩部,即应该横跨在骨盆和胸腔之上,而且应该通过一个位于坐椅一侧的低位固定点协调发挥作用。

7. 驾驶人员要摒弃不系安全带的行为,树立使用安全带的安全意识,增强预防事故的主体责任意识,养成上车检查安全带、系好安全带的好习惯,同时要求提醒乘车人正确使用汽车安全带。

案例一:车头前翻,又无安全带保护,导致亡人事故

一、事故经过

2002年12月23日,某油田钻井公司调度员应钻井队要求,派驾车人驾驶拖车运输钻具,该调度员和钻井队电器技师一同乘拖车前往某井场。16时10分左右驶出井场,经3千米慢下坡道进入河滩路,由于路面凸凹不平,车辆发生颠簸,使驾驶室锁销弹开,向前翻转,导致驾驶室内三人从前挡风玻璃处倒出,当场被拖车碾压致死。

二、事故原因

由于路面凸凹不平,车辆发生颠簸,使驾驶室锁销弹开,驾驶室升降机拉杆断裂,造成驾驶室向前翻转。

驾驶室内三人未系安全带,从前挡风玻璃处倒出,当场被拖车碾压致死。

三、点评

该事故警示我们:"头脑绷紧安全弦,行车系上安全带"。要"举一反三"认真吸取事故教训,提高驾车人和乘车人员安全意识,出车前的安全教育和车辆"三检制"真正落到实处,及时发现并消除存在的事故隐患。驾车人和乘车人员应系好安全带,确实做到"我要安全和我会安全"。

案例二:不系安全带,老板娘坠入河中身亡

一、事情经过

2009年3月27日,某私营公司货车司机和老板娘一起拉了一批货物准备返回,为了节省成本,当时这辆载重量只有1.5吨的货车却足足多装了一倍重的货。晚上10点多,当他驾车行驶至高速公路时,边上有一辆大货车超车上来,他打方向向一侧避让,但由于车子严重超载,他感觉车尾剧烈摇晃,方向失控,所驾汽车向右侧滑并致车头与大桥护栏相撞。由于巨大的惯性,坐在副驾上没系安全带的老板娘被甩出车外坠入河中死亡。货车驾车人因交通肇事罪被法院

判处有期徒刑六个月,缓刑一年。

二、原因分析

1. 货车超载行驶,这辆载重量只有1.5吨的货车却足足多装了一倍重的货。
2. 车速过快,因车子严重超载,导致车尾剧烈摇晃,方向失控,汽车向右侧滑并致车头与太浦河大桥护栏相撞。
3. 老板娘没系安全带,被甩出车外坠入河中死亡。

三、点评

货车严重超载是本事故的主要原因,但老板娘没系安全带的行为,导致她被抛出车外加重了事故的后果。因此司乘人员应牢记:"安全带,带给你安全"。为了你及家人的幸福,驾车或乘车请系安全带。

案例三:出租车违章,乘客被抛出车外遭殃

一、事情经过

2008年7月25日清晨5时30分,家住浦东的一位先生

早早地出了门,招了一辆出租车前往单位上班。出租车沿着芳甸路由北向南飞快地行驶。就在通过锦绣路路口时,突然从锦绣路由西向东高速驶来一辆空载出租车。两车距离越来越近,可两辆车的驾车人竟然谁都没有作出避让的动作。于是,两辆出租车在路口猛烈相撞。空载出租车失控冲上了人行道,驾车人顿时昏迷不醒。而载人出租车内的驾车人和乘客则被抛出了车外。乘客被送往医院后不久因伤势过重,不治身亡,驾车人重伤。

二、原因分析

1. 事故调查确认空载出租车驾车人闯红灯,导致了事故发生,应负主要责任。

2. 载人出租车驾车人飞快地行驶,到路口时不减速且瞭望不够,处置不当,导致悲剧发生。

3. 载人出租车内的驾车人和乘客未系安全带被抛出了车外,加大了事故的危害后果。

三、点评

因生活节奏的加快,有许多人出门选择方便、快捷的出租车。但当你一座上出租车那刻,有多少出租车驾车人提醒你系上安全带?又有多少人能主动系上安全带!坦白地说,身上一直勒着一根安全带确实会让人觉得不太舒服,但是与宝贵的生命比起来,这点小小的不舒服算得了什么?在高速行驶的车上不系安全带,一旦发生事故,驾乘人员的死亡率要比系上安全带的人员高很多。我国现行的道交法中对驾乘人员必须系安全带有明文规定,不仅驾车人和前排乘客要系安全带,后排乘客也必须系上安全带。司乘人员应牢记:"驾车行驶速度快,驾乘系好安全带"。

第十节 驾车使用手机

一、驾车使用手机

驾车使用手机是指驾驶人在开车的同时拨打或接听电话的行为。

二、驾车使用手机的危害

1. 驾驶人在拨打或接听电话时,大脑快速跟踪电话信息,会造成驾车人的注意力分散,对交通情况判断能力和操作能力降低。驾车时使用手机的人比正常驾车人明显容易出错,通常表现为刹车过迟、超越行驶车道、看错交通标记甚至驾错方向等。严重威胁路面其他驾车人和行人的安全。

2. 接打电话后,电话内容可能造成驾驶人情绪变化,驾驶人员突然兴奋时,容易过高估计自己能力,开"英雄车"或突然愤怒,开"赌气车",增加行车的危险。

3. 研究发现,接打电话会导致驾车者的注意力下降20%,如果对话内容重要,驾车者的注意力甚至能下降37%。另外,从人体学角度分析,驾车人从发现紧急情况,到脚踩向制动器所需的时间,即便技术娴熟的驾驶者也需要0.8秒,如果这时正在接听手机,那么这一时间就要延长至3秒,而危险往往就在这时降临。

三、法律法规相关要求

《中华人民共和国道路交通安全法》第二十二条规定:机动车驾驶人应当遵守道路交通安全法律、法规的规定,按照操作规范安全驾驶、文明驾驶。

《中华人民共和国道路交通安全法实施条例》第六十二条明确规定"驾驶机动车不得拨打接听手持电话、观看电视等妨碍安全驾驶的行为。"违者将被"处200元以下罚款,扣2分"。

四、杜绝驾车使用手机提示

1. 消除麻痹大意的思想和侥幸的心理,集中注意力驾车,将手机置于关闭状态,不用手机或用耳机接听电话,养成良好的驾驶习惯。

2. 如果手机未关接到电话,应将车辆停靠在安全的、允许停放的区域再拨打接听电话。

案例一:接听电话,撞死人命

一、事情经过

2005年2月25日晚上,有7年驾龄的驾车人驾驶一辆奇瑞牌轿车,快速沿某市大南线由西向东行驶至交叉路口地段时,将站在道路北侧的路人撞倒,造成其伤势过重经抢救无效死亡。通过调查,民警得知事故发生前,驾车人上衣左侧口袋里手机响了,其用右手把方向盘,左手取手机,因手机一下子拿不出来,低头看了一下,结果车辆方向偏离,应急处理措施不当,导致了悲剧的发生。

二、原因分析

1. 驾车人驾车时,一手把方向盘,一手取手机,注意力分散,结果车辆方向偏离,导致了悲剧的发生。
2. 驾车人驾车到路口时,车速过快,遇突发情况处置不当。

三、点评

在平常外出时,不少机动车驾车人有开车打手机的习惯,殊不知如此行为会带来严重的后果。其实,机动车驾驶人大都知道驾驶机动车时不能使用手机的规定,但由于侥幸心理、贪图方便、安全意识不强等原因,有人不免要去违反。各位驾车人朋友:开车时错过一个电话不会让你有生命危险,但如果驾车时拨打、接听电话发生车祸却很有可能丧命。如果非要打电话,不妨停下车来,打完电话再驾车,也不会耽误你多久。常言道"一心不可二用",意志力再强的人都没办法在接电话的时候仍然一心一意地开车。常言道:"打电话,把方向,同时使用最危险"。为了安全着想,请您开车时不要打电话。

案例二:拨打电话,追悔终生

一、事情经过

2009年12月30日晚10时许,某驾车人驾驶一辆普通中型客车急急忙忙回家,半路上接到妻子的手机信息,尽管

第五章
典型交通肇事案例分析

在开着车,他还是掏出手机准备给妻子拨个电话。殊不知,这一违章给他带来无穷痛苦———因疏于对道路的观察,导致行驶中的车辆冲向路边,将正在路边行走的一位女士和一位先生撞倒在地,刹那间,该女士一动不动倒在血泊中,而该先生痛苦地在地上挣扎呻吟……这突如其来的惨状让驾车人惊呆了,随即他左顾右盼见路上没有什么人,于是闯了大祸的他居然玩起了小聪明,"反正天黑没人发现",立刻心存侥幸驾车逃离了现场。事故发生后,经过的路人发现惨祸,立即拨打电话报警,被撞倒的女士和先生被送往医院救治,但该女士终因伤势过重而不治身亡。

开车打电话的代价……

次日凌晨,经过几个小时激烈思想斗争的驾车人最终选择了投案自首。经交警部门认定,其负此次事故的全部责任,经法院判决,其因交通肇事罪一审被判处有期徒刑3年,缓刑3年。在此之前,经法院和相关部门调解,其因过错已赔偿死者家属46万元,赔偿伤者2万元。

法院作出上述一审判决后,驾车人发誓从此以后再也不开车了,仅因边开车边打手机就闯下了这么大的祸——赔了巨款又被判了刑。在这种心理压力下,那以后谁敢担保还不出其他意外的事情。该案审结后,一法官对此也颇有感触:边开车边接打电话这一错误行为屡禁不绝,不出事谁也不在乎这点"小节",但一旦酿成事故则后悔晚矣。

二、原因分析

1. 驾车人驾车时接打电话,对交通情况判断能力和操作能力降低,结果方向偏离,车辆冲向路边,将正在路边行走的一位女士和一位先生撞倒在地,导致了悲剧的发生。

2. 驾车人驾车车速过快,遇突发情况处置不当。

3. 驾车人交通肇事后逃逸,未能将该女士和该先生及时送往医院,加重事故的后果。

三、点评

随着手机的普及,由于开车打电话发生的交通事故真的是越来越多,前面讲到的案例就是开车打电话的"飞来横祸"。在现实中,接打手机的驾车人常会发生这样的情形:"在驾车的过程中接打手机,有时候等打完手机也不知道自己这一路上是怎么开过来的,有时还会走错路,错过了要转的路口,像追尾、刮擦的事也经常发生……"。请驾车人切记:"为了家人的幸福,驾车不要用手机。"

参 考 文 献

1 吴宗之. 安全生产技术. 北京:煤炭工业出版社,2006.
2 王显政. 安全生产事故案例分析. 北京:煤炭工业出版社,2004.
3 中国石油天然气集团公司安全环保部. 中国石油天然气集团公司反违章禁令学习手册. 北京:石油工业出版社,2008.
4 中国石油天然气集团公司安全环保部. HSE 管理原则学习手册. 北京:石油工业出版社,2009.
5 中国石油天然气集团公司安全环保部北京中德安驾科技发展有限公司. 平安伴你行——驾车人安全行车手册. 北京:石油工业出版社,2009.